I0616251

www.ingramcontent.com/pod-product-compliance
Lightning Source LLC
Chambersburg PA
CBHW061739120626
46550CB00005B/1832

9 798218 561833

خاطرات یک خلبان شکاری

از جنگ ایران و عراق

خاطرات یک خلبان شکاری

از جنگ ایران و عراق

سقوط در خاک عراق و یکی از شگفت انگیزترین عملیات تجسس و نجات

نویسنده: سرهنگ خلبان جلیل پوررضائی

خاطرات یک خلبان شکاری

از جنگ ایران و عراق

نویسنده: سرهنگ خلبان جلیل پوررضائی

ناشر: انتشارات اینگرام اسپارک

حق چاپ و نشر محفوظ و در اختیار مولف است © سال ۲۰۲۵میلادی

The Memoir of a Fighter Pilot

From Iran-Iraq War

Author: Col. Jalil Pourrezaee

Publisher: IngramSpark Publishing

ISBN: 979-8-21856-183-3

عکس روی جلد: از دانشنامه آزاد ویکس پیدیا

Book cover photo, from: Wikipedia, the Free Encyclopedia

Link:
https://commons.wikimedia.org/wiki/Commons:GNU_Free_Docume
ntation_License,_version_1.2

عکس پشت جلد: از آلبوم نویسنده

طراح جلد کتاب: سعدیه شاهد

Fiverr.com/sadiashahid

تقدیم به همه خلبانانی که با شجاعت و جانفشانی، دشمن را از خاک میهن بیرون راندند و شکوه ایثار را در تاریخ جنگ با عراق به یادگار گذاشتند .

	فهرست مندرجات	صفحه
	زندگی نامه	۱
	پیش گفتار	۳
	فصل ۱: نیروی هوائی شاهنشاهی	۷
	هواپیماها و تجهیزات نیروی هوائی	۱۲
	پدافند هوائی کشور	۲۸
	فصل ۲: انقلاب	۳٤
	نمایش قدرت ارتش	٤۱
	پاکسازی ها	٤۳
	فصل ۳: کودتا	٤٦
	درگیری های پراکنده مرزی	۵۲
	پشتیبانی های نزدیک هوائی	۵٤
	اولین پرواز رزمی من	۵۷
	فصل ٤: حمله عراق به ایران	٦۱
	جنگ هواپیما با تانک	۸۷
	سقوط در خاک عراق	۹۳
	بمباران تلمبه خانه نفت ک۲ عراق	۱۱۹
	عملیات والنصر	۱۲٤
	بمباران نیروگاه برق الناصریه	۱۲۷
	بمباران پل الحفائیه	۱۳۳
	بمباران پالایشگاه الدوره شرقی	۱۳٦
	تفنگ اهدائی و رئیس جمهور فراری	۱٤۲
	موج دوم پاکسازی ها	۱٤۳
	پایگاه ششم شکاری (بوشهر)	۱٤۵
	تاکتیک جدید بمباران	۱٤۵
	حجاب اسلامی	۱۵۱
	بمباران نیروگاه برق الزبیر	۱۵۱
	حمله عراق به کشتیهای تجارتی ایران	۱۵٦
	کنفرانس سران کشورهای غیر متعهد	۱٦۲
	درهم شکستن محاصره آبادان	۱٦۵
	فرمانده پایگاه ششم شکاری (بوشهر)	۱٦۷

صفحه	فهرست مندرجات
۱۷۰	اولین روزهای فرماندهی
۱۷۳	هجرت خلبانان ناراضی از کشور
۱۸۱	جنگ کماکان ادامه دارد
۱۸۶	بمباران شهر بوشهر
۱۸۹	بازدید فرمانده نیروی هوائی و نماز ظهر
۱۹۲	قرارگاه نوح سپاه پاسداران
۱۹۳	حمله به سکوهای نوروز
۱۹۶	حمله سپاه به اسکله های البکر و الامیه
۱۹۷	مدیر عملیات
۲۰۰	یک فروند اف۱۴ به عراق پناهنده میشود
۲۰۳	ستاد پدافند هوائی کل کشور
۲۰٤	فصل ۵: پایان جنگ

زندگینامه

من، سرهنگ سابق خلبان جلیل پوررضائی، در لاهیجان به دنیا آمدم. یک‌ساله بودم که به شهرستان رشت نقل مکان کردیم، و در همانجا بزرگ شدم. دوران ابتدایی را در دبستان علمیه گذراندم و دیپلم ریاضی را از دبیرستان محمدرضا شاه پهلوی گرفتم.

در طول دوران تحصیل، شاگردی ممتاز بودم؛ در کلاس اول و دوازدهم شاگرد دوم شدم و در سایر مقاطع رتبه اول کلاس را کسب کردم. پس از فارغ‌التحصیلی از دبیرستان در سال ۱۳٤٦، در دانشکده خلبانی نیروی هوائی شاهنشاهی ایران و در رسته هواپیماهای شکاری ثبت‌نام کردم.

پس از دوره‌های مقدماتی در ایران، دوره آموزشی خود را در دانشکده خلبانی پاکستان با موفقیت گذراندم. در پایان دوره، با کسب رتبه اول میان تمامی دانشجویان پاکستانی و خارجی، موفق به دریافت شمشیر افتخار از دست رئیس‌جمهور وقت پاکستان، ژنرال یحیی خان، شدم. از آنجا که این اولین بار در تاریخ آن دانشکده بود که یک دانشجوی خارجی این افتخار را کسب می‌کرد، رئیس‌جمهور پاکستان تلگرامی تبریک برای پادشاه وقت ایران فرستاد.

مشخصات و سوابق خدمتی من تا سال ۱۳٦٦ (۱۹۸۷)

- درجه: سرهنگ
- رسته: خلبان جنگنده بمب‌افکن
- نوع هواپیما: اف-٤ ئی (فانتوم)
- استاد خلبان
- رئیس آموزش و ارزیابی پایگاه سوم شکاری (شاهرخی۱–همدان)
- رئیس بازرسی فنی گردان نگهداری
- رئیس دایره طرح‌های عملیاتی پایگاه سوم شکاری
- فرمانده گردان ۳۲ پایگاه سوم شکاری
- معاون عملیاتی پایگاه ششم شکاری (بوشهر)
- فرمانده پایگاه ششم شکاری (بوشهر)
- مدیر عملیات (تهران)

---

۱) نام این پایگاه در پس از انقلاب به پایگاه نوژه تغییر یافت.

جلیل پوررضائی

خبر مجله نیروی هوائی

۴۸/۱۰/۲۳

دانشجوی ایرانی شمشیر افتخار گرفت

آموزی عالی خلبانی ۳۹ دانشجوی
هوائی ایران ، پاکستان و
در آکادمی نیروی هوائی پاکستان
افت و حضرت ژنرال محمد یحیی-
ئیس جمهوری پاکستان سردوشی
حصیلان را به آنان اعطاء
.

مراسم پایان دوره کارآموزی
انشجویان که در منطقه ریسالپور
ن برگزار شد سفیر شاهنشاه
ر و سفیر اردن هاشمی در
ن و عده زیادی از امرای ارتش
صیت‌های پاکستان و وابسته‌های
و اعضای سفارت‌های خارجی
داشتند و حضرت رئیس جمهوری
ان ضمن سخنانی با اشاره به
نیروی هوائی در زمان صلح و
اظهار داشتند که نیروی هوائی
ان با همکاری ثمربخش نیروی
تعدادی از کشورهای دوست

منطقه به پیشرفتهای قابل ملاحظه و افتخارآمیزی نایل شده است و اینگونه همکاریها موجب توسعه حسن تفاهم بین ارتشها و کشورهای ما خواهد شد.

گزارش رسیده حاکیست که جلیل پوررضائی دانشجوی خلبانی نیروی هوائی شاهنشاهی در دوره کارآموزی در پاکستان - دانشجوی ممتاز آکادمی نیروی هوائی آن کشور شناخته شد و از حضرت رئیس جمهوری پاکستان (شمشیر افتخار) دریافت داشت.

جراید معتبر پاکستان در شماره های دیروز خود از دانشجوی مذکور به عنوان نخستین دانشجوی غیر پاکستانی که ازهنگام تاسیس آکادمی نیروی هوائی پاکستان موفق بدریافت شمشیر افتخار شده است تجلیل کردند.

عکسها: از آلبوم نویسنده

پیش گفتار

خاطرات من از دوران خدمتم در نیروی هوایی ایران، همواره برای بسیاری از هم‌میهنان جالب و پرسش‌برانگیز بوده است. هر بار که وارد جمعی از ایرانیان می‌شوم و طبق معمول به همدیگر معرفی می‌گردیم، خیلی زود دوستی پیدا می‌شود که مرا به‌عنوان خلبان سابق نیروی هوایی معرفی می‌کند. در همین زمان، پرسش‌های مختلف شروع می‌شود. یکی می‌پرسد: "با چه نوع هواپیمایی پرواز می‌کردی؟" و دیگری می‌پرسد: "آیا در جنگ ایران و عراق هم شرکت داشتی؟"

پرسش‌ها به تدریج بیشتر و شخصی‌تر می‌شود؛ کسی می‌پرسد: "می‌شود یکی از خاطرات جنگت را برای ما تعریف کنی؟" و دیگری با هیجان می‌گوید: "شنیده‌ام که هواپیمایت در خاک عراق سرنگون شده و موفق به فرار شدی، آیا داستانش را برای ما می‌گویی؟" و سرانجام، آن لحظه حساس فرا می‌رسد؛ یکی از جمع با لحن خاصی می‌پرسد: "پس شما برای خمینی‌ها جنگیدی؟" این سوال آخر همیشه فضایی خاص ایجاد می‌کند.

در پاسخ به چنین پرسشی، هر بار مجبورم توضیح دهم: "من برای وطنم، برای خاک کشورم جنگیدم که در اشغال دشمن بود، نه برای هیچ فرد یا ایدئولوژی خاصی." سوالات هرچه که باشد، سعی می‌کنم تا جایی که زمان و شرایط اجازه دهد، بخشی از خاطرات خود را تعریف کنم. با این حال، بازگو کردن تمام آن وقایع، همیشه کار آسانی نبوده و نیست.

سال‌ها پیش، من خاطرات پر نشیب و فرازخویش را از دوران اواخر سلطنت پهلوی، انقلاب، کودتا، و جنگ ایران و عراق به‌صورت پراکنده یادداشت کرده بودم. هدفم این بود که روزی این یادداشت‌ها را به صورت یک کتاب درآورم. اما هر بار که می‌نشستم تا این خاطرات را گردآوری کنم، مرور آن‌همه لحظات تلخ و از دست دادن دوستان و همرزمان، یا یادآوری لحظه سقوط هواپیمایم در خاک عراق، آنقدر دردناک بود که قادر به ادامه نوشتن نمی‌شدم. تنها می‌توانستم چند سطری بنویسم و سپس ساعت‌ها در فکر فرو روم.

جلیل پوررضائی

سال‌ها گذشت، و بعد از مدتی طولانی، موفق شدم از این صدمات روحی تا حدی رهایی یابم و خاطراتم را به‌طور کامل به نگارش درآورم. اما به‌عنوان یک فردی که تخصص اصلی‌اش نویسندگی نیست، می‌خواهم از پیش از خوانندگانم عذرخواهی کنم اگر در نگارش خطا یا ایرادی دیده می‌شود، از این نظر است.

این کتاب خاطرات من از سال‌های پرالتهاب ۱۳۵۷ تا ۱۳۶۶ را به تصویر می‌کشد؛ دورانی که از پیش از انقلاب آغاز می‌شود و تا اواخر جنگ ایران و عراق ادامه می‌یابد. ماجرای من از روزهای خدمتم در پایگاه سوم شکاری (شاهرخی-همدان) شروع می‌شود، جایی که در جریان انقلاب، شاهد تغییرات عظیمی در ارتش و جامعه بودم. در بخشی از این خاطرات، به آغاز انقلاب در پایگاه و همچنین کودتای نافرجام اشاره می‌کنم، که تأثیرات عمیقی بر کشور و نیروهای مسلح داشت.

با پیشروی کتاب، به جنگ هشت ساله با عراق می‌پردازم؛ جنگی که مأموریت‌های متعدد و پرمخاطره‌ای در آن داشتم. این مأموریت‌ها هر یک بخشی از تاریخچه این نبرد طاقت‌فرسا را روشن می‌سازد. همچنین، سقوط هواپیمایم در خاک عراق و عملیات نجاتی که پس از آن انجام شد، از نقاط عطفی است که در این کتاب شرح داده‌ام. این خاطرات، بخشی از سرنوشت من و هم‌رزمانم است که در میانه نبرد برای دفاع از خاک میهن با آن روبرو شدیم.

در میان خاطراتم، به مواردی اشاره می‌کنم که شاید در نگاه اول محرمانه یا سری به نظر برسند، اما با گذشت نزدیک به ۴۰ سال از جنگ ایران و عراق، این موارد مشمول مرور زمان شده‌اند و دیگر تحت طبقه‌بندی محرمانه یا سری قرار نمی‌گیرند.

شایان ذکر است که تمامی افرادی که در این کتاب از آنان نام برده شده، پس از آن به درجات بالاتری ارتقا یافتند؛ با این حال من در اینجا از درجه نظامی همان دوره زمانی استفاده کرده‌ام.

در نهایت، نیازی ندیدم که از مقامی بخواهم مقدمه‌ای برای کتابم -

٤

بنویسد و مرا معرفی کند. اعتقاد دارم که خوانندگان اگر علاقه‌مند به شناخت بیشتر من باشند، می‌توانند نام۱ من را به‌صورت فارسی یا انگلیسی در اینترنت جستجو کنند و اطلاعاتی بیشتر از کارنامه من بدست آورند.

*****

---

۱)   جلیل پوررضائی Jalil Pourrezaee

جلیل پوررضائی

ستوانیکم خلبان جلیل پوررضائی– پایگاه یکم شکاری (مهرآباد)

عکس: از آلبوم نویسنده

فصل ۱

نیروی هوائی شاهنشاهی

سال ۱۳۵۷: پایگاه سوم شکاری (شاهرخی - همدان)
ساعت: ۸ صبح

در سالن خلبانان پایگاه سوم شکاری، خلبانان دو گردان ۳۱ و ۳۲ شکاری بر روی صندلی‌های خود نشسته‌اند. سالن با ظرفیت حدود دویست نفر، محلی برای گردهمایی خلبانان و پرسنل کلیدی پایگاه است. در این روز، فرمانده پایگاه بر روی مبل راحتی که جلوتر از تمامی صندلی‌ها قرار گرفته، نشسته است. پشت سر او، سه معاون اصلی پایگاه قرار دارند: معاون عملیاتی (رئیس عملیات)، معاون لجستیکی، و معاون پشتیبانی. در کنار آن‌ها، فرماندهان گردان‌های ۳۱ و ۳۲ شکاری نشسته‌اند.

علاوه بر حدود ۱۲۰ خلبان، فرماندهان دیگر گردان‌های پایگاه و سرپرستان گردان نگهداری هواپیماها نیز در جلسه حضور دارند. این جمع، نماینده‌های کلیدی پایگاه هستند که مسئولیت‌های مهمی را در این پایگاه حساس بر عهده دارند.

در فضای رسمی و باوقار این سالن، تمثال باشکوه پادشاه ایران در وسط و بالای تریبون خودنمایی می‌کند. او با لباس رسمی نظامی، نمادی

از قدرت و اقتدار کشور در آن دوران است. در سمت راست تریبون، تصویر ملکه فرح پهلوی قرار دارد و در سمت چپ آن، عکس ولیعهد جوان رضا پهلوی به چشم می‌خورد. این تصاویر، نمادهای مهم حکومت پهلوی هستند که همچنان در تمامی پایگاه‌ها و نهادهای نظامی و غیر نظامی دیده می‌شوند.

این گردهمایی در بحبوحه تحولات بزرگ اجتماعی و سیاسی کشور برگزار می‌شود، در حالی که همه از آینده ناپایدار مطلع‌اند، اما فضای پایگاه همچنان تحت فرماندهی و نظم نظامی قاطع قرار دارد.

راس ساعت هشت صبح، اولین فردی که پشت تریبون قرار می‌گیرد، هواشناس پایگاه است. او با دقت از روی اسلایدی که به پرده مجاور تریبون تابیده می‌شود، اطلاعات هواشناسی را شرح می‌دهد. ابتدا به یک سیستم هوای فشار کم، که بر روی ترکیه و بخشی از شمال عراق مستقر شده است، اشاره می‌کند و توضیح می‌دهد که در بعدازظهر، با ورود این جبهه هوا، آسمان پایگاه را ابرهای ضخیم فرا خواهد گرفت و احتمال بارندگی وجود دارد.

پس از ارائه اطلاعات کلی درباره وضعیت جوی، هواشناس به تحلیل دقیق‌تری می‌پردازد و درباره جهت و سرعت باد در ارتفاعات مختلف صحبت می‌کند. او به‌ویژه بر تأثیرات احتمالی شرایط جوی بر عملیات پروازی تأکید می‌کند و خلبانان را در جریان تغییرات ناگهانی که ممکن است در طول روز رخ دهد، قرار می‌دهد. این بخش از جلسه برای خلبانان حیاتی است، زیرا شرایط جوی مستقیماً بر مأموریت‌های پروازی و ایمنی آن‌ها تأثیرگذار است.

سپس نوبت به سروان خلبان محسن تقی‌زاده می‌رسد. او افسر عملیات معاون عملیاتی پایگاه است و علاوه بر تخصص خود در نیروی هوایی، به‌عنوان یک شکارچی و ماهیگیر ماهر نیز شناخته می‌شود. من و او همراه با چند خلبان دیگر اغلب آخر هفته‌ها به شکار یا ماهیگیری می‌رویم. این تفریح‌ها فرصتی برای رهائی از فشارهای زندگی نظامی و فرصتی برای هم‌صحبتی در فضایی غیررسمی هستند.

محسن با آرامش و اعتماد به نفس پشت تریبون قرار می‌گیرد و با –

مراجعه به اسلایدهای متعدد، گزارش تعداد پروازهای آموزشی و رزمی روز گذشته، امروز و برنامه پروازهای فردا را اعلام مینماید. او با دقت به آمار و جزئیات اشاره می‌کند، و به همه خبر می‌دهد که در روز گذشته، هیچ‌یک از هواپیماها دچار مشکل فنی نشده‌اند و صد درصد پروازها طبق برنامه انجام شده است. این موفقیت باعث رضایت و افتخار همگان است، و محسن با لبخندی بر لب، این دستاورد را به تمام خلبانان و پرسنل تبریک می‌گوید.

محسن پس از ارائه گزارش خود و با خونسردی و دقت به چند سوال فرمانده پایگاه پاسخ می‌دهد. سوالات بیشتر در مورد جزئیات برنامه پروازی و آمادگی هواپیماها برای مأموریت‌های آینده هستند. او با اطمینان و تسلط بر موضوعات فنی و عملیاتی پاسخ می‌دهد، که نشان از تجربه و توانایی‌های بالای او دارد. پس از پایان سوالات، محسن به آرامی به صندلی خود بازمی‌گردد، در حالی که نگاه‌های تحسین‌آمیز همکاران و فرماندهان او را دنبال می‌کنند.

سومین فردی که به پشت تریبون می‌رود، سرهمافر یکم عباس موئینی است. او که به‌عنوان نماینده گردان نگهداری، مسئولیت اطلاع‌رسانی درباره وضعیت فنی هواپیماها را بر عهده دارد، با صدایی محکم و آرام، تعداد هواپیماهای آماده به پرواز، هواپیماهای در حال تعمیر، و آن‌هایی که منتظر قطعات هستند را به اطلاع همگان می‌رساند.

عباس با دقت گزارش خود را ارائه می‌دهد و همانند محسن، با خوشحالی اعلام می‌کند که در روز گذشته صد درصد پروازها طبق برنامه انجام شده است. این موفقیت در حفظ آمادگی و عملکرد بدون نقص تجهیزات پروازی، باعث خرسندی او و تمام اعضای گردان نگهداری شده است. او با افتخار به تیم خود تبریک می‌گوید و سپس به صندلی خود بازمی‌گردد، در حالی که احساس موفقیت و رضایت در فضای جلسه حاکم است.

- پس از عباس، افسر اطلاعات عملیات پشت تریبون قرار می‌گیرد

و آخرین اطلاعات جمع‌آوری شده در مورد نیروی هوایی عراق را در اختیار خلبانان قرار می‌دهد. او با نمایش تصاویر مختلف از هواپیماهای نیروی هوایی عراق، خلبانان را با جزئیات فنی و ظاهری این هواپیماها آشنا می‌کند. سپس از خلبانان می‌خواهد که نام هر هواپیما را بگویند تا اطمینان حاصل کند که در فواصل دور، قادر خواهند بود هواپیمای دوست را از دشمن تشخیص دهند. این تمرین بخش مهمی از آمادگی رزمی است، زیرا تشخیص سریع و دقیق هواپیماها در شرایط جنگی می‌تواند ازهدف قرار گرفتن هواپیمای خودی بجای دشمن، جلوگیری نماید..

پس از افسر اطلاعات عملیات، فرمانده گردان تأسیسات و مهندسی پایگاه به پشت تریبون می‌رود. او تعداد خودروهای سبک و سنگین، از جمله جیپ‌ها، اتوبوس‌ها، کامیون‌ها، و بولدوزرهای موجود در پایگاه را اعلام می‌کند. وی همچنین وضعیت هر یک از این وسایل نقلیه را شرح می‌دهد، از جمله تعداد خودروهای آماده به کار، خودروهای در حال تعمیر، و آن‌هایی که منتظر قطعات هستند. گزارش او برای اطمینان از آمادگی لجستیکی پایگاه در شرایط مختلف عملیاتی اهمیت زیادی دارد.

پس از او، افسر ایمنی پرواز پشت تریبون می‌آید. او که صبح خیلی زود برای بازدید از باندهای پروازی رفته است، ابتدا خلبانان را از آماده بودن باندها برای پروازهای روز آگاه می‌کند. سپس، به نکات ایمنی می‌پردازد و توصیه‌های لازم را برای حفظ ایمنی خلبانان در طول پروازها مطرح می‌کند. نصیحت‌های او از اهمیت بالایی برخوردار است، چرا که رعایت اصول ایمنی در هر شرایطی، برای حفظ جان خلبانان و موفقیت مأموریت‌ها ضروری است.

پس از اتمام توجیهات ایمنی افسر ایمنی پرواز، درست وقتی که همه آماده خروج از سالن می‌شوند، من به ناگهان اعلام می‌کنم: "خلبانان، لطفاً سر جای خود بنشینید تا در امتحان بدون اطلاع قبلی شرکت کنید." این اعلامیه من با غرغرهای تعدادی از خلبانان و شوخی و مزه‌پرانی

هم‌دوره‌ای‌هایم مواجه می‌شود، اما چاره‌ای ندارند جز اینکه در امتحان شرکت کنند.

فرمانده پایگاه با لبخندی بر لب، رو به من کرده و می‌پرسد: "جناب سروان، آیا از من هم امتحان خواهی گرفت؟" با احترام پاسخ می‌دهم: "خیر تیمسار.۱"

در این زمان، سازمان و سلسله مراتب نیروی هوایی به خوبی برقرار است و بیش از ۹۰ درصد هواپیماها آماده به پرواز هستند. این آمادگی بالا نتیجه نظم و انسجامی است که در تمام سطوح نیروی هوایی حاکم است و تضمین‌کننده موفقیت مأموریت‌های آینده میباشد.

خلبانان روزانه در پروازهای آموزشی رزمی شرکت می‌کنند و مهارت‌های خود را به‌طور مستمر تقویت می‌نمایند. این تمرینات نه‌تنها برای حفظ آمادگی جسمی و ذهنی آن‌ها اهمیت دارد، بلکه به افزایش هماهنگی و دقت در مأموریت‌های رزمی نیز کمک می‌کند. در صورت وقوع جنگ، بیش از ۸۵ درصد خلبانان کاملاً آماده پروازهای رزمی هستند و توانایی شرکت در عملیات‌های نظامی را دارند. این آمادگی بالا نتیجه تمرینات روزانه و برنامه‌ریزی دقیق نیروی هوایی است، که هدف آن حفظ توان رزمی در هر شرایطی است.

*****

---

۱) فرماندهان پایگاه معمولا از این نوع امتحانات معاف میباشند، اما اگر خواستند پرواز کنند، برای ایمنی بیشتر، هنر آموزگاری در کابین عقب آنها پرواز خواهد کرد.

جلیل پوررضائی

هواپیماها و تجهیزات نیروی هوائی

هواپیماهای جنگنده نیروی هوائی از هواپیماهای اف-٤, اف-٥, و اف-١٤ تشکیل شده است.

جنگنده بمب‌افکن مافوق صوت اف-٤ (فانتوم) یکی از هواپیماهای پیشرفته و قدرتمند نیروی هوایی ایران در زمان خود است. حداکثر سرعت این هواپیما در حدود ٢/٢٣ برابر سرعت صوت، یعنی حدود ٢٧٥٤ کیلومتر در ساعت است. فانتوم مجهز به یک رادار قدرتمند است که قادر است هواپیماهای دیگر را تا فاصله حدود ٢٠٠ مایل١ (٣٧٠ کیلومتر) کشف کند. با این حال، یکی از نقاط ضعف این رادار، عدم توانایی آن در شناسایی دقیق هواپیماهایی است که در ارتفاعی پایین‌تر از اف-٤ پرواز می‌کنند.

این جنگنده توانایی سوخت‌گیری در آسمان را دارد، که به آن امکان می‌دهد مأموریت‌های طولانی‌تری را انجام دهد. همچنین، اف-٤ قادر به حمل انواع مختلف سلاح‌ها است. از جمله این سلاح‌ها می‌توان به بمب‌های هدایت‌شونده با اشعه لیزر، بمب‌های سنگین، راکت‌ها، موشک‌های هوا به زمین و موشک‌های هوا به هوای حرارتی و راداری اشاره کرد. برد مؤثر موشک‌های حرارتی حدود ٢ مایل (٣/٧ کیلومتر) و برد مؤثر موشک‌های راداری تقریباً ١٣/٥ مایل (٢٥ کیلومتر) است.

اف-٤ همچنین مجهز به سیستم‌های جنگ الکترونیک است و می‌تواند با ایجاد پارازیت، رادار دشمن را مختل کرده و مانع از شناسایی و رهگیری خود شود. این قابلیت به جنگنده کمک می‌کند تا موشک‌های زمین به هوا و هوا به هوایی را که به سمت آن شلیک می‌شوند، منحرف کند و از خود دفاع نماید. این ویژگی‌ها اف-٤ را به یک جنگنده موثر در مأموریت‌های رزمی هوا به هوا و حملات هوا به زمین تبدیل کرده است.

---

١)   در کشورهای بلوک غرب، برای تعیین مسافت یک شناور دریائی و یا هواپیما از Nautical mile (مایل دریائی) و برای سرعت نیز از Nautical mile per hour یا اصطلاحاً Knot (نات) استفاده میشود. هر مایل دریائی برابر با ١/٨٥٢ کیلومتر است.

اف-٤ (فانتوم)

عکس: از آلبوم نویسنده

جنگنده بمب‌افکن مافوق صوت اف-۵ (تایگر) یکی دیگر از
هواپیماهای جنگنده و بمب افکن نیروی هوایی است. این جنگنده میتواند
با حداکثر سرعتی معادل ۱/۶٤ برابر سرعت صوت، یعنی حدود ۲۰۲۵
کیلومتر در ساعت، پرواز کند. اف-۵ قادر است انواع بمب‌ها، راکت‌ها و
موشک‌های حرارتی هوا به هوا را حمل نماید، که آن را به یک جنگنده چند
منظوره موثر برای مأموریت‌های تاکتیکی تبدیل می‌کند.

مدل‌های A و B این هواپیما فاقد رادار هستند، ولی مدل F اف-۵
مجهز به رادار است، اما این رادار نیز مناسب برای رهگیری‌های پیشرفته
هوایی نیست و محدودیت‌هایی دارد. علاوه بر این، تمامی مدل‌های اف-۵
فاقد سیستم سوخت‌گیری هوایی هستند، که توانایی آن‌ها را برای انجام
مأموریت‌های طولانی‌مدت محدود می‌کند.

با این وجود، اف-۵ به دلیل سرعت و چابکی خود در درگیری‌های
نزدیک هوایی (داگ‌فایت) و قابلیت حمل سلاح‌های متنوع، همچنان یکی
از جنگنده‌های موثر نیروی هوایی به‌شمار می‌رود.

اف-۵ (تایگر)

ماخذ عکس: دانشنامه آزاد ویکی پدیا

Photo source: Wikipedia, the Free Encyclopedia

Link: https://commons.wikimedia.org/wiki/File:IIAF_F-5A_3-417.jpg

هواپیمای اف-۱۴ (تامکت): حداکثر سرعت این هواپیما ۲/۳۴ برابر سرعت صوت یا ۲۸۹۰ کیلومتر در ساعت است. به جز آمریکا، ایران تنها کشوری است که این هواپیمای پیشرفته را در اختیار دارد. برد رادار اف-۱۴ حدود ۲۰۰ مایل است و برخلاف رادار اف-۴، قادر است هواپیماهایی را که در ارتفاع بسیار پایین‌تر پرواز می‌کنند شناسایی کرده و تا فاصله حدود ۷۰ مایل آن‌ها را هدف قرار دهد.

اف-۱۴(تامکت)

هواپیماهای اف-٤ و اف-٥ نقش کلیدی در انجام حملات تهاجمی و پشتیبانی هوایی از نیروهای سطحی را ایفا می‌کنند. این هواپیماها علاوه بر توانایی‌های تهاجمی، قادر به رهگیری هواپیماهای دشمن با هدایت رادارهای زمینی نیز هستند. اما ماموریت اصلی هواپیماهای اف-١٤ در نیروی هوایی ایران، پدافند هوایی و پوشش نقاط کور رادارهای زمینی است که اهمیت ویژه‌ای دارد.

گفته می‌شود قرارداد فروش هواپیماهای اف-١٦ از آمریکا به ایران به مراحل پایانی رسیده و به زودی ده‌ها فروند از این هواپیماها تحویل ایران خواهد شد. همچنین نیروی هوایی ایران به تعداد زیادی بمب‌های هدایت‌شونده با اشعه لیزر مجهز است که امکان بمباران دقیق انواع اهداف را فراهم می‌کند. با این حال، برخلاف هواپیماهای مدرن دیگر که اشعه لیزر را خود به هدف می‌تابانند، در نیروی هوایی ایران نیاز به اختصاص یک هواپیمای دیگر برای این کار وجود دارد، که این امر هواپیمای حامل لیزر را بیش از حد در معرض تهدیدات دشمن قرار می‌دهد. اگر این هواپیما هدف قرار گیرد، هواپیماهای حامل بمب عملاً قادر به اجرای موفقیت آمیز ماموریت خود نخواهند بود.

دستگاه‌های ناوبری هواپیماهای فانتوم که برای بمباران کامپیوتری نیز استفاده می‌شود، قدیمی بوده و دقت کافی ندارند. به همین دلیل، خلبانان به این نوع بمباران اعتمادی نداشته و بمباران‌های تمرینی به روش سنتی و مشابه بمباران‌های دوران جنگ جهانی دوم انجام می‌شود. در این روش، خلبان‌ها بمب‌ها را با توجه به سرعت، ارتفاع، زاویه شیرجه، و وزن بمب اندکی قبل از رسیدن به هدف رها می‌کنند.

هواپیماهای فانتوم همچنین می‌توانند دستگاه‌های انتشار پارازیت حمل کنند که نقش حیاتی در جنگ‌های هوایی دارند. با این دستگاه‌ها می‌توان رادارهای دشمن را مختل کرده و سیستم‌های موشک‌های زمین به هوا را از کار انداخت. البته دستگاه‌های موجود از نوع قدیمی و ضعیف هستند، اما اخیراً تعداد محدودی دستگاه پیشرفته‌تر خریداری شده است که نقش مهمی در بهبود توانایی‌های جنگ الکترونیک خواهد داشت.

از دیگر هواپیماها و هلیکوپترهای نیروی هوایی ایران می‌توان به انواع زیر اشاره کرد:

- هلیکوپترهای تجسس و نجات بل-٢١٤: این هلیکوپترها برای ماموریت‌های نجات و پشتیبانی هوایی مورد استفاده قرار می‌گیرند و توانایی عملیات در شرایط مختلف را دارند.

- هلیکوپتر شنوک: یکی از هلیکوپترهای بزرگ و چند منظوره که برای حمل و نقل نیروها و تجهیزات استفاده می‌شود و قابلیت حمل بار سنگین را دارد.

- هواپیماهای یک‌موتوره و ملخ دار بونانزا و پی سی-٦، و پی سی-٧: این هواپیماها برای ماموریت‌های شناسایی، آموزشی، و انتقال‌های سبک استفاده می‌شوند.

- هواپیماهای حمل و نقل اف-٢٧ و سی-١٣٠: این هواپیماها برای حمل و نقل تجهیزات و نیروها به کار می‌روند و از جمله هواپیماهای مهم در ترابری نیروی هوایی هستند.

- جت فالکن: یک جت کوچک و سریع که در حمل و نقل مقامات، و رساندن پیام‌های مهم به کار گرفته می‌شود.

- هواپیماهای حمل و نقل و سوخت‌رسان بوئینگ-٧٠٧ و ٧٤٧: این هواپیماهای بزرگ و با ظرفیت بالا برای ماموریت‌های حمل و نقل سنگین و سوخت‌رسانی هوایی استفاده می‌شوند، که نقش مهمی در عملیات‌های طولانی‌مدت دارند.

این مجموعه متنوع از هواپیماها و هلیکوپترها، نیروی هوایی ایران را قادر می‌سازد تا در طیف گسترده‌ای از ماموریت‌های نظامی و لجستیکی عملکرد موفقی داشته باشد.

*****

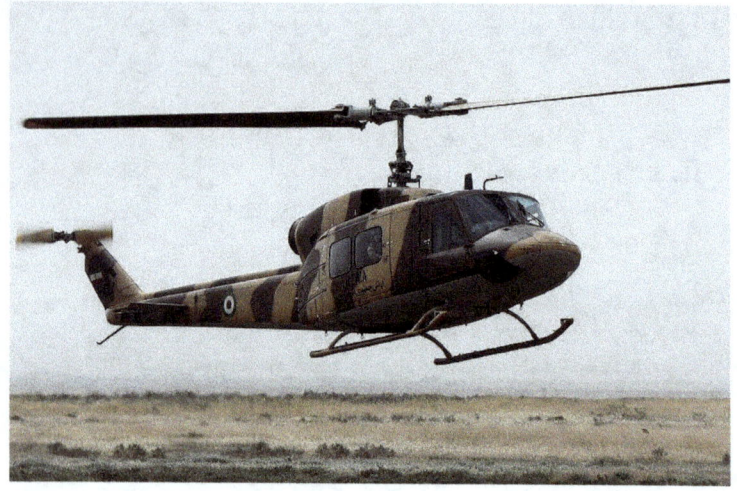

هلی کوپتر بل-۲۱٤

ماخذ عکس: دانشنامه آزاد ویکی پیدیا

هلی کوپتر شنوک

هواپیمای ترابری سی- ۱۳۰

ماخذ عکس: دانشنامه آزاد ویکی پیدیا

Photo source: Wikipedia, the Free Encyclopedia

Link:
https://commons.wikimedia.org/wiki/Commons:GNU_Free_Documentation_License,_version_1.2

هواپیمای ترابری اف-۲۷

ماخذ عکس: دانشنامه آزاد ویکی پیدیا

Photo source: Wikipedia, the Free Encyclopedia

Link: https://commons.wikimedia.org/wiki/File:Irani_Fokker_F27.jpg

هواپیمای سوخت رسان بوئینگ-۷۰۷

ماخذ عکس: دانشنامه آزاد ویکی پیدیا

Photo Source: Wikipedia, the Free Encyclopedia

Link:
https://commons.wikimedia.org/wiki/File:An_Irani_Boeing_707_ready_to_perfo
rming_air_to_air_refueling.jpg

هواپیمای سوخترسان بوئینگ-۷٤۷

ماخذ عکس: دانشنامه آزاد ویکی پیدیا

Photo source: Wikipedia, the Free Encyclopedia

Link:
https://commons.wikimedia.org/wiki/Commons:GNU_Free_Documentation_Lic
ense,_version_1.2

هواپیمای اف-۳۳ (بونانزا)

ماخذ عکس: دانشنامه آزاد ویکی پیدیا

Photo Source: Wikipedia, the Free Encyclopedia

 Link:
https://commons.wikimedia.org/wiki/File:F33A_Bonanza_of_IIAF.jpg

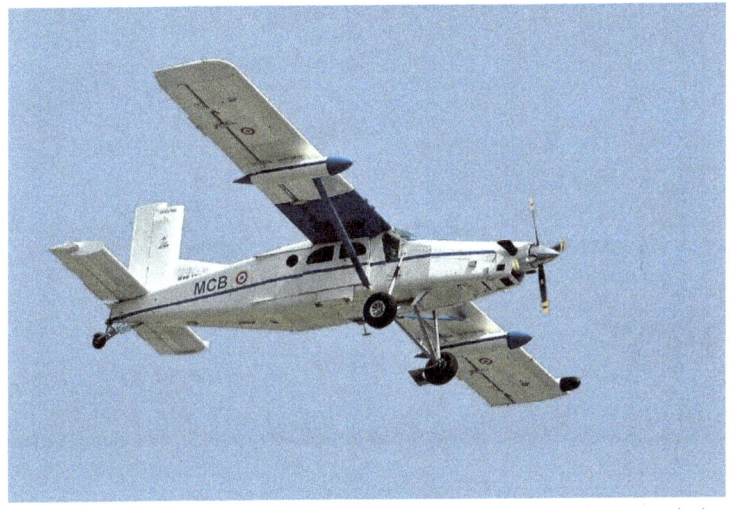

هواپیمای پی سی- ۶

ماخذ عکس: دانشنامه آزاد ویکی پیدیا

هواپیمای آموزشی پی سی – ۷

ماخذ عکس: دانشنامه آزاد ویکی پیدیا

Photo Source: Wikipedia, the Free Encyclopedia

Link:
https://commons.wikimedia.org/wiki/File:2019_Isfahan_airbase_expo_(54).jpg

جت فالکن

ماخذ عکس: دانشنامه آزاد ویکی پیدیا

Photo Source: Wikipedia, the Free Encyclopedia

Link: https://commons.wikimedia.org/wiki/File:Armee_de_l%27Air_-_Dassault_Falcon_50.jpg

پدافند هوایی ایران

پدافند هوایی ایران با چالش‌های متعددی روبروست. رادارهای زمینی موجود بسیار قدیمی هستند و به جنگ جهانی دوم بازمی‌گردند، اما قرار است به زودی با رادارهای مدرن‌تر جایگزین شوند. با این حال، به دلیل شرایط کوهستانی کشور، حتی رادارهای مدرن نیز نمی‌توانند به‌طور کامل کل کشور را پوشش دهند. به همین دلیل، ایران در حال برنامه‌ریزی برای افزودن هواپیماهای رادار پرنده (آواکس) به سیستم پدافند هوایی است تا این نقص را جبران کند.

پدافند نقاط حیاتی کشور مانند فرودگاه‌ها، پایگاه‌های نظامی، پالایشگاه‌ها و سکوهای صادرات نفت از توپ‌های ضد هوایی ۲۳ و ۳۵ میلی‌متری، موشک‌های رپیر و هاک تشکیل شده است. موشک زمین به هوای هاک یکی از سیستم‌های دقیق دفاع هوایی است که توانایی هدف‌گیری هواپیماهای دشمن را تا فاصله ۲۵ مایل و ارتفاع ۴۰٬۰۰۰ پا دارد. با این حال، تعداد این موشک‌ها محدود است و آموزش پرسنل برای استفاده کامل از آنها هنوز به پایان نرسیده است.

موشک‌های رپیر نیز از نوع قدیمی بوده و دقت کافی ندارند. این موشک‌ها برای هدف‌گیری هواپیماهای دشمن در ارتفاعات پایین‌تر از ۱۰٬۰۰۰ پا، و مسافت حدود ۴ مایل بکار گرفته می‌شوند.

در مورد جنگنده‌های نیروی هوایی ایران، هواپیماهای اف-۴ و اف-۱۴ قابلیت اوج‌گیری تا ارتفاع بیش از ۵۰٬۰۰۰ پا را دارند، اما به دلیل عدم خرید لباس‌های مخصوص ضد فشار برای خلبانان، این پروازها به ارتفاع زیر ۵۰٬۰۰۰ پا محدود شده است. این در حالی است که میگ-۲۵های عراقی در ارتفاعات ۷۰٬۰۰۰ تا ۸۰٬۰۰۰ پا پرواز می‌کنند.

هواپیماهای اف-۵ با کمک رادارهای زمینی می‌توانند هواپیماهای عراقی را در ارتفاعات پایین رهگیری کرده و با موشک‌های حرارتی منهدم کنند. اما این جنگنده‌ها قادر به رهگیری هواپیماهای میگ-۲۵ که در ارتفاعات بالا پرواز می‌کنند، نیستند.

هواپیماهای اف-٤ نیز می‌توانند هواپیماهای دشمن را که زیر ارتفاع ٥٠,٠٠٠ پا پرواز می‌کنند با موشک‌های هدایت‌شونده توسط رادار و موشک‌های حرارتی مورد هدف قرار دهند، اما در برابر میگ-٢٥هایی که در ارتفاع ٧٥,٠٠٠ پا و با سرعت ٢/٨ برابر صوت پرواز می‌کنند، کارآرائی ندارند.

در نهایت، مسئولیت رهگیری و انهدام هواپیماهای میگ-٢٥ به عهده هواپیماهای اف-١٤ است که می‌توانند با موشک‌های فینیکس دشمن را تا فاصله ٧٠ مایل هدف قرار دهند.

این نیروی هوائی با تصویر مختصری که ارائه شد، هنوز راه طولانی برای رفع نواقص و بهبود توانائیهای رزمی خود دارد.

٭٭٭٭٭

توپ ضد هوائی ۲۳ میلیمتری

ماخذ عکس: دانشنامه آزاد ویکی پیدیا

Photo source: Wikipedia, the Free Encyclopedia

Link: https://commons.wikimedia.org/wiki/File:ZU-23-2_in_Saint_Petersburg.jpg

توپ ضد هوائی ۳۵ میلیمتری اورلیکن

ماخذ عکس: دانشنامه آزاد ویکی پیدیا

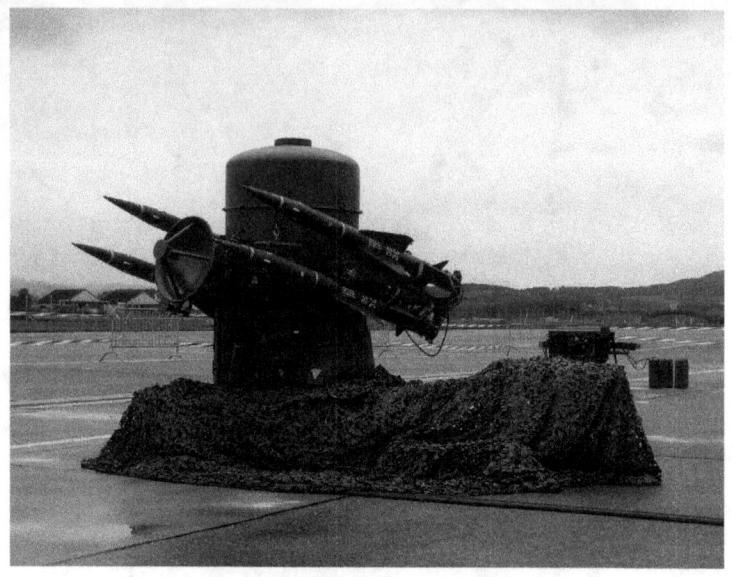

موشک زمین به هوای راپیر

ماخذ عکس: دانشنامه آزاد ویکی پیدیا

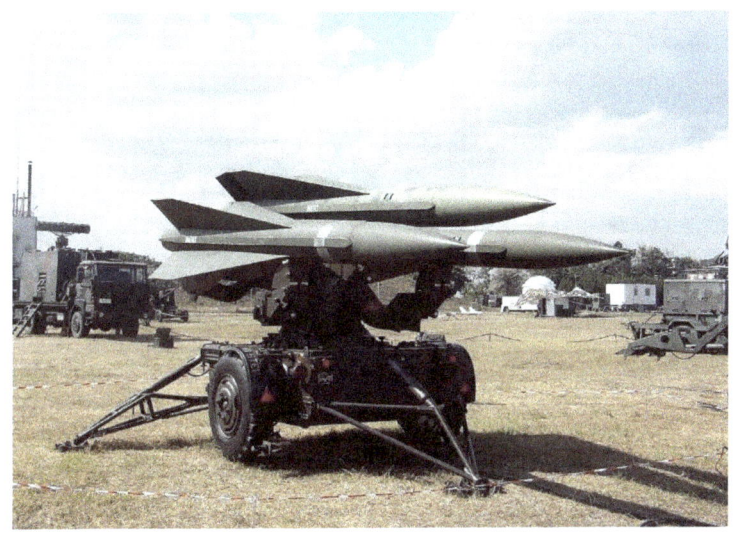

موشک زمین به هوای هاک

ماخذ عکس: دانشنامه آزاد ویکی پیدیا

فصل ۲

انقلاب

در دی ماه ۱۳۵۷، پایگاه سوم شکاری همدان در میان ناآرامی‌های سراسر کشور، وضعیت ویژه‌ای را تجربه می‌کرد. تظاهرات علیه رژیم پهلوی به اوج خود رسیده بود و در اکثر شهرها حکومت نظامی اعلام شده بود. نیروهای مخالف، از جمله مذهبی‌ها، حزب توده، مجاهدین خلق، و فدائیان خلق، در صدر معترضان قرار داشتند. اخبار کشتار مردم، بمب‌گذاری‌ها، و خرابکاری‌ها، بخش مهمی از روزنامه‌ها را به خود اختصاص می‌داد.

گوش دادن به اخبار شبکه‌های خارجی مانند بی‌بی‌سی و صدای آمریکا در میان مردم رایج بود، و تبلیغات مخالفان بطور عمده ارتش، بویژه نیروی هوایی، را هدف قرار می‌داد. بسیاری از درجه‌داران و همافران، وظایف خود را رها کرده و به صف معترضان پیوستند. همافران[۱] نیروی هوایی که به عنوان متخصصان تعمیر و نگهداری هواپیماها و تجهیزات الکترونیکی شناخته می‌شدند، نخستین گروه از نیروهای نظامی بودند که به انقلاب پیوستند.

---

۱) در هنگام استخدام، به همافران وعده مزایای افسری داده شده بود که هرگز عملی نشد. این نارضایتی زمینه‌ساز پیوستن آن‌ها به انقلاب شد. سال‌ها بعد، آن‌ها توانستند به درجات افسری ارتقا یابند.

در پایگاه شاهرخی، همافران به تبعیت از رهنمودهای مذهبی‌ها، شبانه با فریاد الله‌اکبر اعتراض خود را اعلام می‌کردند.

شایعاتی مبنی بر دستکاری هواپیماها توسط همافران برای جلوگیری از پرواز خلبانان منتشر شد، اما این شایعات هرگز تأیید نشدند. اعتصابات کارکنان شرکت نفت و سایر ادارات دولتی باعث کاهش شدید تولید سوخت در کشور شده بود. در این شرایط بحرانی، سوخت شوفاژ پایگاه شاهرخی که در یکی از مناطق سردسیر ایران قرار دارد، توسط هواپیماهای جامبوجت ۷۴۷ نیروی هوایی از عربستان سعودی تأمین می‌شد.

سخنرانی محمدرضا شاه پهلوی در تلویزیون، که در آن به اشتباهات حکومت خود اذعان و وعده اصلاح آن‌ها را داد، تأثیری در کاهش اعتراضات نداشت. فشار مخالفان چنان شدید شد که شاه ناچار شد در تاریخ ۲۶ دی ماه ۱۳۵۷ ایران را ترک کند.

در بهمن ۱۳۵۷، آیت‌الله خمینی پس از سال‌ها تبعید با یک هواپیمای ایر فرانس از فرانسه به ایران بازگشت. هواپیمای حامل آیت‌الله خمینی به سلامت در فرودگاه مهرآباد به زمین نشست و مورد استقبال گسترده مردم قرار گرفت. پس از فرود، آیت‌الله خمینی با یک هلی‌کوپتر نیروی هوایی مستقیماً به گورستان بهشت زهرا رفت و در آنجا سخنرانی تاریخی خود را خطاب به جمعیت عظیم حاضر ایراد کرد. در این سخنرانی، او به شدت از رژیم پهلوی انتقاد کرد و گفت: "شاه شهرها را ویران و گورستان‌ها را آباد کرده است." او همچنین تأکید کرد: "من توی دهن این دولت می‌زنم و آمریکا هیچ غلطی نمی‌تواند بکند".

این سخنرانی به عنوان یکی از مهم‌ترین لحظات انقلاب اسلامی ایران به ثبت رسیده و نمادی از تغییرات بزرگ سیاسی و اجتماعی آن دوران به شمار می‌آید.

در این روزهای پرالتهاب، نظم و انضباط نظامی که پیش از این جزء -

اصول غیرقابل تخطی ارتش بود، به عنوان نماد حکومت پهلوی و "طاغوتی" شناخته می‌شود. در مقابل، بی‌نظمی و عدم رعایت مقررات نظامی به عنوان عملی انقلابی و در راستای همراهی با انقلاب تلقی می‌گردد. پرسنل پایگاه شکاری، هر زمان که بخواهند در محل کار حاضر می‌شوند و اگر فرماندهان بخواهند اعتراض کنند، به سرعت به عنوان مخالفین رژیم آینده معرفی می‌شوند. این وضعیت نه تنها در پایگاه سوم شکاری، بلکه در سایر نیروهای مسلح کشور نیز دیده می‌شود و سلسله مراتب فرماندهی، که شالوده اصلی هر ارتشی است، به تدریج فرو می‌ریزد.

در تاریخ ۲۲ بهمن ۱۳۵۷، ستاد مشترک ارتش به ریاست سپهبد قره‌باغی اعلام کرد که ارتش در جریان انقلاب بی‌طرف است. این بیانیه با ایجاد تغییراتی در آن به شعار "پیوند ارتش با انقلاب" در سراسر کشور منتشر شد. پس از انتشار این خبر، در پایگاه سوم شکاری نیز پرسنل، عمدتاً همافران، درجه‌داران و سربازان وظیفه، به اسلحه‌خانه حمله کرده و تمامی اسلحه و مهمات موجود را به غارت بردند.

در این میان، سرتیپ شعاعی، فرمانده پایگاه، که به دلیل جلوگیری از تظاهرات و زندانی کردن تعدادی از معترضین متهم شده بود، به پست فرماندهی که ساختمانی از بتن مسلح بود، پناه برد. او دستور داد که درب‌های مستحکم این ساختمان به روی هیچ‌کس باز نشود. اما این اقدام تنها بر شدت هرج و مرج افزود. سربازانی که پاسدار پست‌های خود بودند، به‌طور بی‌هدف به سوی آسمان شلیک می‌کردند و ترس و وحشت در میان زنان و کودکان ایجاد می‌کردند.

سرانجام در تاریکی شب، گروهی از همافران و درجه‌داران به پست فرماندهی هجوم برده و سرتیپ شعاعی را دستگیر کردند. او به همراه همسر و فرزندانش توسط یک اتوبوس به مکانی نامعلوم منتقل شد.

پس از دستگیری فرمانده، شورایی متشکل از نظامیان و غیرنظامیان در سطح پایگاه تشکیل شد تا کنترل امور پایگاه را به دست گیرد و تصمیمات آینده را هماهنگ سازد. این شورا نماد شروع یک دوره جدید در پایگاه -

بود، دوره‌ای که نظم و سلسله‌مراتب سنتی ارتش دیگر در آن جایی نداشت و جای خود را به فضای انقلابی و بی‌ثباتی داده بود.

بازار شایعات آن روزها بسیار داغ بود. بعدازظهر ۲۲ بهمن ۱۳۵۷، ناگهان خبری رسید که گارد شاهنشاهی با تعدادی تانک و زره پوش در حال پیشروی به سمت پایگاه است و به زودی آن را به تصرف خود در خواهد آورد. در پی این خبر، هلی‌کوپتر تجسس و نجات پایگاه با دستور شورا به پرواز درآمد، اما هیچ اثری از تانک‌ها نیافت. مشخص شد که این خبر تنها شایعه‌ای بیش نبوده است.

روز بعد، من به‌عنوان خلبان آماده ۱ در آشیانه هواپیماهای آماده بودم که خبری رسید مبنی بر اینکه روس‌ها در نقطه ای از ساحل دریای مازندران در حال پیاده کردن نیرو هستند. از آنجا که هواپیماهای آماده پایگاه مهرآباد، به دلیل وضعیت هوای نامساعد تهران، قادر به پرواز نبودند، آژیر پرواز در آشیانه ما در پایگاه شاهرخی به صدا درآمد و به من ماموریت داده شد تا ساحل دریا را در آن منطقه جستجو کرده و نتیجه را به پایگاه گزارش دهم.

پس از حدود ده دقیقه پرواز، از سلسله جبال البرز عبور کردم و اندکی بعد به ساحل دریای مازندران رسیدم. اما هیچ نشانی از پیاده شدن نیروهای روسیه مشاهده نشد. معلوم بود که این هم شایعه‌ای بیش نبوده است!

تنها چهار روز پس از اعلام بی‌طرفی ارتش، تعدادی از فرماندهان و افسران عالی‌رتبه ارتش، از جمله فرمانده نیروی هوائی، شادروان سپهبد خلبان امیرحسین ربیعی و شادروان سرلشگر خلبان نادر جهانبانی، توسط عوامل جمهوری اسلامی به جوخه اعدام سپرده شدند.

---

۱) چه در زمان صلح و چه در جنگ، همواره تعدادی خلبان با تجهیزات کامل در آشیانه‌ای به نام "آشیانه هواپیماهای آماده" به صورت ۲٤ ساعته حضور دارند. اگر رادار منطقه هواپیمای ناشناسی را در صفحه خود مشاهده کند، با فشردن دکمه‌ای، آژیر پرواز که به آن "آژیر اسکرمبل" گفته می‌شود، به صدا درمی‌آید. خلبانان با شنیدن صدای آژیر، به سرعت هواپیمای خود را روشن کرده و در کوتاه‌ترین زمان ممکن به پرواز درمی‌آیند.

جالب توجه است که در ۲۷ بهمن ۱۳۵۷، دولت آمریکا که پیشتر در آذر همان سال از سلطنت پهلوی حمایت کرده بود، پشتیبانی خود را از دولت منتخب آیت‌الله خمینی، به نخست‌وزیری مهندس مهدی بازرگان، اعلام کرد.

اگر خلبانان را به دلیل داشتن حرفه‌ای خاص که قانون و انضباط جزئی لاینفک از آن است کنار بگذاریم، اصولاً نیروی هوایی در مقایسه با نیروی زمینی و دریایی از درجه انضباط پایین تری برخوردار بود. نیروی هوایی، نیروی جوانی بود که قصد داشتند در کوتاه ترین زمان ممکن، آن را به یکی از بزرگترین نیروهای منطقه تبدیل کنند. در این مسیر، کمیت بر کیفیت غالب شد. به همین دلیل، بیشترین هرج و مرج‌ها، اعتصابات و راهپیمایی‌ها در نیروی هوایی رخ داد و سلسله مراتب آن از هم گسیخت.

عده زیادی از فرماندهان لایق به دلیل اجرای دقیق قوانین و مقررات نظامی، توسط گروه‌های فرصت طلب به عنوان "طاغوتی" شناخته شدند و از کار برکنار گشتند. فرماندهان بعدی که سرنوشت پیشینیان خود را مشاهده کرده بودند، بسیار محافظه کارگشته و مسئولیت پذیر نبودند. فرماندهی و کنترل که اساس اداره هر سازمان نظامی است، به‌کلی از هم پاشید.

در هر پایگاه نیروی هوایی، انجمنی به نام "انجمن اسلامی" تشکیل شد. هم‌زمان، گروه دیگری به نام "گروه ضربت" که اعضای آن را پرسنل ظاهراً حزب‌اللهی تشکیل می‌دادند، ایجاد شد. این افراد مسلح بودند و وظایفشان از شناسایی و دستگیری عناصر ضد انقلاب تا کنترل حجاب بانوان را دربر می‌گرفت. می‌توان این گروه را به یک سپاه پاسداران، اما در مقیاسی کوچکتر تشبیه کرد.

علاوه بر این، فردی معمم که خود را نماینده امام میدانست، در هر یک از یگان‌های نیروی هوایی مستقر شد و تعدادی از پرسنل متخصص، که — بایستی در یکانهای خویش به کار در تخصص خود میپرداختند، در اختیار او قرار گرفت.

رئیس دایره عقیدتی و سیاسی پایگاه، فردی معمم است که به نظر می‌رسد وظیفه‌اش ارشاد پرسنل پایگاه از نظر مذهبی و سیاسی باشد. در دفتر او، عکسی از آیت‌الله خمینی دیده می‌شود و زیر آن جمله‌ای با خط نستعلیق و درشت نوشته شده است: "دایره عقیدتی و سیاسی پایگاه، در خط مشی تابع امام خمینی بوده و پایگاه موظف است از نظر اداری و لجستیکی پشتیبانی‌های لازم را از آن به عمل آورد." به این معنا که آنها در سازمان فرماندهی پایگاه قرار ندارند، اما پایگاه موظف است حقوق، مسکن، خودرو و سایر لوازم مورد نیازشان را تأمین کند.

با تلاش همافران، سازمان جدیدی به نام دایره جهاد خودکفایی در هر پایگاه هوایی تأسیس شد و به سطح معاونت در نیروی هوایی ارتقاء یافت. وزارت جهاد سازندگی که بعدها در سطح مملکت تشکیل گردید، از همین ابتکار سرچشمه گرفت. وظیفه جهاد خودکفایی این بود که با استفاده از منابع داخلی، به نوآوری و اختراعات جدید دست زده و کشور را به خودکفایی رسانده و از وابستگی به خارج بی‌نیاز کند.

در حدود مرداد ۱۳۵۸، آقای امیر انتظام، معاون و سخنگوی دولت موقت مهندس مهدی بازرگان، در تلویزیون ملی ایران ظاهر شد و اعلام کرد: "ما با هیچ کس جنگی نداریم." او در حالی که به چندین پرونده قطور قراردادهای تسلیحاتی روی میز کارش اشاره می‌کرد، افزود: "شاه این همه هواپیمای اف-۱۶، آواکس و سایر تجهیزات جنگی را برای ژاندارمی خلیج فارس خریداری کرده بود. ما به آنها نیازی نداریم و قراردادها را باطل کرده و پول‌هایی که به آمریکا پرداخت شده بود را مطالبه خواهیم کرد."

آقای امیر انتظام این قراردادها را در زمانی لغو میکرد که کشور عراق، با وسعت و جمعیتی حدود یک سوم ایران، تعداد بسیار بیشتری هواپیمای جنگنده و بمب‌افکن در اختیار داشت و با قراردادهایی که با فرانسه بسته بود، به زودی ده‌ها فروند از هواپیماهای مدرن میراژ را نیز به ناوگان خود اضافه می‌کرد.

در همان روزها، شایعاتی درباره احتمال کودتای ارتش به گوش می‌رسید. شورای انقلاب این شایعات را بی‌اساس دانست و اعلام کرد:

"ارتش، برادر ملت است." به دنبال این اعلامیه، ترتیبی داده شد که نیروهای سه‌گانه ارتش، یعنی نیروی زمینی، هوایی و دریایی، در خیابان‌های شهرهای مختلف راهپیمایی کنند و شعارهایی مبنی بر اتحاد ارتش و ملت سر دهند.

این راهپیمایی‌های بسیار بی‌نظم و ترتیب ارتش، در حالی که بسیاری از آنان بدون کلاه و با دمپائی به جای کفش یا پوتین در خیابان‌ها راه می‌رفتند، سبب شد که تحلیل گران نظامی جهان اعلام کنند که ارتش ایران فاقد نظم و توان رزمی کافی است.

٭٭٭٭٭

نمایش قدرت ارتش

برای خنثی‌کردن تحلیل‌های منفی از ارتش ایران، دستور داده شد که نیروهای زمینی و هوایی مانوری را در ۵۰ کیلومتری جنوب غربی تهران اجرا کنند و با پرتاب مهمات بر روی اهداف فرضی، قدرت خود را به نمایش بگذارند. گفته می‌شود که آیت‌الله خمینی، همراه با شمار زیادی از مقامات دولتی، سفرا و خبرنگاران داخلی و خارجی، این عملیات را از نزدیک مشاهده خواهند کرد.

پروازهای تمرینی که چند ماهی متوقف شده بود، با استفاده از بمب‌ها و راکت‌های مشقی (فاقد مواد منفجره) مجدداً آغاز شد. در روز اصلی مانور قرار بود از مهمات واقعی (حاوی مواد منفجره) استفاده شود.

رهبری دو فروند از هواپیماهای فانتوم به عهده من بود. در روز نمایش قدرت، قرار بود که با موشک‌های هوا به زمین ماوریک (Maverick AGM-65A)، یکی از تانک‌های مصنوعی را منهدم کنیم. عملیات تمرینی دقیقاً طبق طرح نمایش قدرت پیش رفت.

تنها چند روز به روز اصلی مانور باقی مانده بود که به‌طور غیرمنتظره‌ای دستور لغو کامل مانور صادر شد. طبیعی بود که همه در حیرت فرو رفته و به دنبال علت لغو این مانور مشترک بودند.

در روزهای نخستین، هیچ‌کس دلیل لغو مانوری که اجرای آن بسیار حائز اهمیت بود را نمی‌دانست و هیچ توضیحی هم ارائه نشد. اما به‌تدریج با برکناری یکی از خلبانان پایگاه مشخص شد که او در یکی از روزها در باشگاه خلبانان به شوخی گفته بود: در روز اصلی مانور، ممکن است بمب‌های من اشتباهاً روی جایگاه مقامات (که آیت‌الله خمینی نیز حضور داشت) فرود بیایند.

ظاهراً این شوخی بین خلبانان پایگاه دست به دست شده و سرانجام به گوش عوامل اطلاعاتی رژیم رسیده بود. آن‌ها هم برای احتیاط

واطمینان،تصمیم گرفتند که مانور نمایش قدرت نیروی زمینی و هوایی را به‌طور کامل لغو کنند.

آن خلبان نیز، بلافاصله از نیروی هوائی اخراج شد. زبان سرخ این همکار ما نزدیک بود که سر سبزش را بر باد دهد.

چندی بعد، یعنی در حدود اواسط آبان ۱۳۵۸، عده‌ای حزب اللهی با نام دانشجویان خط امام، سفارت آمریکا در تهران را به اشغال خود درآورده و کارکنان آن را به اتهام جاسوسی دستگیر و به نقطه ای نا معلوم منتقل کردند. اشغال سفارت آمریکا باعث شد که دولت آمریکا ایران را تحت تحریم اقتصادی و تسلیحاتی قرار دهد، که در این میان ارسال جنگ افزار و قطعات یدکی هواپیماهای نیروی هوایی نیز متوقف شد.

از آن پس، آموزش خلبانان جدید در آمریکا به‌کلی متوقف شد و از آنجا که ادامه پرواز هواپیماها باعث مصرف هرچه بیشتر قطعات یدکی موجود می‌شد، به منظور حفظ این قطعات برای استفاده در مواقع بحرانی (مانند جنگ)، پروازهای روزمره آموزشی و تمرینی نیز متوقف شدند.

در اینجا لازم است نکته بسیار مهمی را به اطلاع خوانندگان برسانم: خلبانان هر نیروی هوایی، برای حفظ مهارت و آمادگی رزمی خود، باید در بازه‌های زمانی مشخص، مثلاً هر شش ماه، تعداد معینی از پروازهای رزمی را انجام دهند. این پروازها شامل تمرین‌هایی مانند انهدام هواپیماهای دشمن در هوا، بمباران هوا به زمین و غیره است. بدیهی است که در صورت عدم انجام این گونه تمرینات، مهارت خلبانان، با توجه به تجربه پروازی گذشته آنان، به تدریج کاهش می‌یابد. به خصوص خلبانان جدید و کم تجربه، بسیار زودتر از دیگران، مهارت‌های پروازی خود را از دست می‌دهند.

٭٭٭٭٭

پاک سازی ها

در زمستان سخت ۱۳۵۸، شایعه پاکسازی در نیروی هوایی بر سر زبان‌ها افتاد. گفته می‌شد که جمهوری اسلامی قصد دارد عده‌ای از خلبانان قدیمی و با تجربه نیروی هوایی را به بهانه‌های مختلف، از جمله مخالفت با رژیم، برکنار کند.

حرفه خلبانی، به‌ویژه خلبانی هواپیماهای جنگنده و بمب‌افکن، یکی از معدود حرفه‌هایی است که هر کشوری برای آموزش آن هزینه هنگفتی متحمل می‌شود. سال‌ها طول می‌کشد تا یک خلبان جوان که تازه از دانشکده خلبانی فارغ‌التحصیل شده، مهارت لازم برای شرکت در یک عملیات رزمی را پیدا کند.

به منظور جلوگیری از چنین پاکسازی‌هایی، من به همراه شادروان سرگرد خلبان علی شمس بیگی، شادروان سرگرد خلبان محمود اسکندری، شادروان سروان خلبان اصغر سلیمانی، سروان خلبان مرتضی لسان، و شادروان ستوانیکم خلبان اصغر هاشمیان، رئیس دایره عقیدتی و سیاسی پایگاه، حاج آقا رضوانی را نیز با خود همراه کردیم، و پس از گرفتن وقت ملاقات با حجت‌الاسلام خامنه‌ای، نماینده آیت‌الله خمینی در وزارت دفاع، با همان لباس پرواز به تهران رفتیم.

ملاقات ما برای ساعت ۱۱ شب و در خانه‌ای دوطبقه واقع در خیابان ایران تهران هماهنگ شد. به محض ورود به آن خانه، چندین پاسدار همه ما، به‌جز حاج‌آقا رضوانی، را بازرسی بدنی کردند و چاقوی کوچکی که جزو لباس پرواز ما بود را تا پایان دیدار و خروج از آن مکان نزد خود نگه داشتند. سپس از پله‌های باریک آن خانه قدیمی به طبقه بالا هدایت گشته و وارد سالنی شدیم.

در این سالن با حدود ده نفر روبرو می‌شویم که گویا آن‌ها نیز منتظر نوبت خود برای ملاقات با حجت الاسلام خامنه ای هستند. اغلب حضار را افراد معمم و سپس نمایندگانی از مجاهدین افغان تشکیل می‌دهند. حاج‌آقا رضوانی ما را به‌عنوان خلبانان نیروی هوایی به دیگران معرفی می‌کند.

جلیل پوررضائی

مجاهدین افغان، که ظاهراً تا آن زمان خلبانی را با لباس پرواز ندیده بودند، با لبخندی بر لب به ما خیره شده و نگاهشان را از ما برنمی‌داشتند.

در این سالن، از میز و صندلی خبری نبود؛ همه بر روی کف سالن، که با قالی‌های دست‌باف مفروش شده است، نشسته و به دیوار تکیه می‌دهیم. پس از حدود ده دقیقه، حجت‌الاسلام خامنه‌ای به همراه چند نفر دیگر از اتاق دیگری وارد سالن می‌شود و با همه، از جمله ما، دست می‌دهد و خوش‌آمد می‌گوید.

او با قدی نسبتاً بلند، عمامه‌ای سیاه که اندکی کوچکتر از معمول به نظر می‌رسد و پیپ زیبایی که به لب دارد، یک معمم خوش تیپ به نظر می‌رسد. عطر توتون کاپیتان بلک او همه جا را پر کرده است. بچه‌ها آهسته پچ پچ می‌کنند: "ما تا حالا آخوند پیپ کش ندیده بودیم!"

اندکی بعد، سفره بزرگی را روی کف سالن پهن می‌کنند و سینی‌های پر از پلو و ظرف‌های مختلفی از خورشت فسنجان مرغ، پیاز، سبزی و نان سنگک را روی سفره می‌چینند. شیطنت بچه ها دوباره گل می‌کند و آهسته به یکدیگر می‌گویند: "آخوند و چلوخورشت فسنجون با سینه مرغ، دو عضو جدایی ناپذیر."

ما که در مسیر همدان تا تهران شام خورده بودیم، با اصرار دیگران سر سفره می‌نشینیم و همراه آن‌ها غذا می‌خوریم. پس از صرف شام، از قوری و سماوری که در کنار سالن قرار داشت، در استکان‌های کمرباریک برایمان چای ریختند. حجت‌الاسلام خامنه‌ای پس از نوشیدن چای، به‌همراه چند نفر از نمایندگان مجاهدین افغانی برخاست و وارد اتاق مجاور شد.

با وجود این که وقت ملاقات ما از پیش برای ساعت ۱۱ شب تعیین شده بود، حدود ساعت یک بامداد نوبت ما رسید.

ما را نیز به همان اتاق راهنمایی کردند. این اتاق در اصل کتابخانه‌ای به ابعاد ۳ در ٤ متر بود که در قفسه‌های آن کتاب‌های قطور و قدیمی زیادی –

به چشم می‌خورد. با اشاره حجت‌الاسلام خامنه‌ای، همه ما به‌صورت نیم‌دایره‌ای در مقابل او و روی کف اتاق نشستیم.

خلاصه حرف ما با او این بود: "گفته می‌شود که جمهوری اسلامی ایران مصمم است پاکسازی‌هایی را در نیروی هوایی به اجرا بگذارد و در این راستا عده زیادی از خلبانان، به‌ویژه خلبانان هواپیماهای جنگنده و بمب‌افکن، از کار برکنار شوند. این در حالی است که دشمن دیرینه ما، عراق، روزی نیست که تهدیدات خود را علیه کشور ما نشان ندهد. برکناری این خلبانان توان رزمی نیروی هوایی را به‌شدت کاهش خواهد داد و در صورت آغاز جنگ، بی‌شک برتری هوایی از آنِ عراقی‌ها خواهد بود. این خلبانان سرمایه‌های مملکت هستند و...".

حجت‌الاسلام خامنه‌ای بدون اینکه اجازه دهد بیانیه خود را به پایان برسانیم و خواسته‌مان مبنی بر جلوگیری از پاکسازی‌ها را مطرح کنیم، حرف ما را قطع کرد و گفت: "برادران، جریان‌های هر انقلابی را می‌توان به امواج دریا تشبیه کرد. در این امواج ممکن است عده‌ای بی‌گناه نیز به قعر آن فرو روند. خلبانان شما هم از این امر مستثنی نخواهند بود."

او سپس اعتراض ما را قطع کرد و گفت: "برادران، اکنون ساعت دو صبح است و من باید دو سه ساعتی بخوابم." و با این جمله عذر ما را خواست.

صبح همان روز، همگی سرخورده به پایگاه شاهرخی بازگشتیم. اندکی بعد از جلسه‌ای که با خامنه‌ای داشتیم، پاکسازی‌ها عملاً آغاز شد و عده‌ای از بهترین خلبانان نیروی هوایی از کار برکنار شدند. کنار گذاشتن این خلبانان، که اغلب بدون محاکمه یا حتی توضیح دلیل برکناری انجام میشد، موجب ایجاد احساس عدم امنیت شغلی در میان سایر خلبانان میگردد.

این احساس که همواره با نوعی پوچی و بیهودگی همراه بود، موجب میشود که عده دیگری از خلبانان به تدریج ترک دیار نموده و رهسپار کشورهای مختلف جهان شوند.

فصل ۳

کودتا

۱۸ تیر ماه ۱۳۵۹

معمولاً بیشتر رودخانه‌های استان گیلان مملو از انواع مختلف ماهی‌ها هست، و برای من و دو برادرم که علاقه زیادی به ماهیگیری داریم، اواخر بهار و اوایل تابستان بهترین زمان برای ماهیگیری به شمار می‌رود. من که برادر بزرگ‌تر هستم، تقریباً هر سال با برادران، خواهران و همسرانشان که در شهرهای مختلف ایران زندگی می‌کنند، هماهنگ می‌کنم تا همگی از تعطیلات خود به‌صورت همزمان استفاده کنیم و این مدت را در رشت و اطراف آن بگذرانیم.

اوایل تیرماه ۱۳۵۹ نیز، طبق معمول هر سال، همگی در خانه مادرم در شهرستان رشت گرد هم آمدیم. عصر جمعه ای در اواسط همین ماه است که از یک روز کامل ماهیگیری به خانه مراجعت میکنیم و یکی از برادران به امید تماشای مسابقه فوتبال و یا یک سریال ایرانی، تلویزیون را روشن میکند.

دقایقی نگذشته بود که برنامه عادی تلویزیون به خاطر صدور خبری بسیار مهم قطع شد. با شنیدن آنچه که گوینده اخبار بیان کرد، حیران و ‌–

میخکوب بر جای خود ماندم. خلاصه آن خبر مهم این بود که جریان یک کودتا، که قرار بوده از پایگاه شاهرخی به منظور براندازی جمهوری اسلامی به اجرا درآید، توسط پاسداران انقلاب کشف و عوامل آن دستگیر شده اند.

لحظه‌ای بعد، شادروان سرتیپ خلبان آیت محققی و شادروان سروان خلبان بهزاد جهانگیری به عنوان دو تن از عوامل کودتا بر صفحه تلویزیون ظاهر شدند. شادروان سرتیپ محققی در پاسخ به سوال خبرنگار درباره انگیزه کودتا گفت: "به من گفته بودند که با انجام کودتا، وطن ما از وضع کنونی نجات می‌یابد. چون با این پیشنهاد آن‌ها انگشت درست بر رگ خواب من که وطنم بود گذاشته بودند، من نیز پذیرفتم."

شادروان سروان جهانگیری نیز با صراحت در مورد رهبری و اهداف کودتا پاسخ داد: "در جریان این کودتا قرار بوده که ابتدا پایگاه هوایی شاهرخی را تحت کنترل درآوریم تا آقای بختیار بتواند آن را به‌عنوان مرکز خود قرار داده و براندازی نهایی جمهوری اسلامی را هدایت کند."

شادروان سرتیپ خلبان آیت محققی یکی از خلبانان نیک نام نیروی هوایی به شمار می‌رفت. او در دوران سرگردی، لیدر تیم آکروجت تاج طلائی نیروی هوایی بود و در سال ۱۳۵۷ فرماندهی پایگاه هوایی شاهرخی و در سال ۱۳۵۸ فرماندهی منطقه هوایی مهرآباد را بر عهده داشت.

شاید جالب باشد بگویم که شادروان سرتیپ محققی، پیش از فرماندهی پایگاه سوم شکاری، سمت جانشینی فرمانده پایگاه را برعهده داشت. برای احراز درجه سرتیپی، او باید از عهده امتحانات بسیار سختی برمی‌آمد. یکی از این آزمایشات، طرح ریزی پرواز با هواپیمای اف-۴ بود و من هفته‌ای دو یا سه بار، بعد از پایان ساعات اداری، برای تدریس به دفتر آن شادروان می‌رفتم. توضیح اینکه او در گذشته خلبان هواپیمای اف-۵ بود و با جزئیات فنی و عملیاتی هواپیمای اف-۴، که بسیار مدرن‌تر بود، آشنایی کامل نداشت.

شادروان بهزاد جهانگیری نیز از جمله خلبانان با تجربه هواپیمای فانتوم بود.

در میان دستگیرشدگان، که اکثرشان خلبانان فانتوم بودند، تعدادی غیرخلبان از جمله نام سرهمافر یکم یوسف پوررضائی نیز بچشم میخورد. قابل ذکر است که تشابه اسمی من با اوکه ترک زبان بود، در حالی که من گیلانی بودم، بعدها باعث درد سر بزرگی برای من و خانواده ام شد.

چند روز بعد، هنگامی که همه برادران و خواهرانم به بندر انزلی و غازیان رفته بودیم، حدود ساعت ۱۱ شب در مسیر بازگشت، یکی از افراد کمیته رشت که در پلیس راه رشت به بندر انزلی مستقر بود، اتومبیل مرا مانند دیگر خود روها متوقف کرد و از من مدارک شناسایی خواست. من هم کارت شناسایی خود را ارائه دادم. او پس از آنکه متوجه شد من خلبان نیروی هوایی هستم، به داخل اتاقکی که آنجا بود رفت و در مراجعت از من پرسید: "اینجا چه کار می‌کنی؟" من هم برگه مرخصی‌ام را به او نشان دادم و گفتم: "من گیلانی هستم و برای دیدار با خانواده به رشت آمده ام." او دوباره با برگه مرخصی من به همان اتاقک برگشت و دقایقی بعد، فرد دیگری از اتاق خارج شد و به من گفت: "لطفاً به دنبال خود روی ما به مقر سپاه بیایید، از شما چند سؤال داریم."

من به دنبال خودروی کمیته و دو خود روی دیگر، که متعلق به بستگانم بود، راهی مقر سپاه شدیم. هنگامی که به مقر سپاه رسیدیم، با کمال تعجب دیدم که رژیم، مدرسه‌ای که من تحصیلات خود را در آن به پایان رسانده بودم، یعنی دبیرستان محمدرضا شاه پهلوی را به مقر سپاه تبدیل کرده و از کلاس‌های آن به‌عنوان زندان استفاده می کنند.

با خود گفتم: "خدایا، همه جای دنیا مدرسه می‌سازند، اینها مدرسه را به زندان تبدیل کرده‌اند!" همه ما در خیابان شنی که یک طرفش کنسولگری روسیه و طرف دیگرش درب ورودی دانش آموزان بود، پارک کردیم. من از همان درب آهنی که صدها بار برای تحصیل از آن عبور کرده بودم، این بار برای نجات جانم وارد شدم. چرا که در آن زمان هیچ حساب و کتابی نبود؛ ابتدا فردی را اعدام می‌کردند و بعد متوجه می‌شدند که بی گناه بوده است.

خلاصه کلام آنکه، برای رفع شبهه و اثبات بی‌گناهی خویش، در حالی که همسر و فرزندان خردسالم از وحشت به خود می‌لرزیدند، مجبور شدم تا ساعت دو بامداد در بازداشت کمیته باقی بمانم. آن‌ها مرا به عنوان مظنون تحت نظر قرار داده بودند، بدون اینکه به وضعیت روحی خانواده‌ام توجهی داشته باشند. در نهایت، به آن‌ها شماره تلفن فرمانده پایگاه را دادم تا تأیید کند که من برای گذراندن مرخصی در شمال به سر می‌برم و هیچ گونه دخالتی در کودتا نداشته ام. در آن زمان، شرایط چنان وخیم بود که حتی اگر کسی از کودتا خبر داشت ولی اطلاع نمی‌داد، مجازاتش تیرباران بود.

پس از این ماجرا، تصمیم گرفتم تعطیلات خود را نیمه کاره رها کنم. نمی توانستم آرامش و اطمینان را به خانواده ام بازگردانم و نمی‌خواستم آنها را در این وضعیت نا امن رها کنم. با همسر و دو فرزند خردسالم به پایگاه برگشتیم. فضای پایگاه نیز چندان آرام نبود. خبرهای بد یکی پس از دیگری می‌رسید. شادروان سروان خلبان اصغر سلیمانی، یکی از همکاران و دوستانم، چند روزی بود که به همراه شادروان سرتیپ خلبان آیت محققی و سایر خلبانان، در تهران تیرباران شده بودند. این خبر همه ما را در اندوه فرو برد. اصغر، همان مردی که با حسن رفتار و مهربانی خویش همه را تحت تأثیر قرار می‌داد، حالا در خاک آرام گرفته بود.

همسر اصغر، که سه دختر خردسال داشت، پس از دفن همسرش با قلبی شکسته به پایگاه بازگشت. اما این بازگشت تنها برای مدتی کوتاه بود. به او فرصت کمی داده بودند تا خانه سازمانی خود را تخلیه کند. خانه ای که حالا دیگر نه تنها جایی برای زندگی، بلکه یاد آور خاطراتی تلخ و شیرین از روزهای گذشته بود. لحظاتی که شاید امید به آینده و خوشبختی داشتند، حالا دیگر وجود نداشت.

من و همسرم هما، با درک عمیقی که از وضع روحی او داشتیم، بلافاصله پس از بازگشتش به دیدار وی رفتیم تا شاید بتوانیم کمی از درد و اندوه او بکاهیم. اما وقتی چهره‌اش را دیدم، متوجه شدم که این زن جوان، که هنوز بیش از بیست وچند سال از عمرش نگذشته بود، زیر بار فشارهای

روحی آن چنان شکسته و پیر شده، که تشخیص سن واقعی‌اش دشوار بود. او همسرش را، که نان‌آور و تکیه گاه خانواده بود، از دست داده بود.

زندگی‌ای که به آرامی در جریان بود، حالا در یک لحظه به تلاطمی بی پایان تبدیل شده بود.

اصغر سلیمانی، آن مرد باوقار و دوست‌داشتنی، همواره با رفتار مهربانانه اش در دل همه جا باز می‌کرد. او شخصیتی بود که حتی در میان کسانی که پس از کشف کودتا، در پایگاه شعار مرگ بر این و آن سر می‌دادند و در راهپیمایی‌ها فریاد نفرت می‌کشیدند، جایگاه ویژه‌ای داشت. آنها وقتی از مقابل خانه سازمانی او عبور می‌کردند، به احترام او سکوت مینمودند و از دادن هر نوع شعاری خودداری میکردند. این نشان از احترامی بود که حتی دشمنان و مخالفانش نیز برای او قائل بودند. او کسی بود که حتی در میان طوفان‌های سهمگین سیاسی، حرمتش محفوظ ماند.

همسر اصغر، با چشمانی گریان و دلی شکسته، وصیت‌نامه او را به من داد تا آن را بخوانم. آن چهار صفحه وصیت نامه که با دست‌خط خودش نوشته شده بود، در دستان من سنگینی می‌کرد. احساس می‌کردم که هر واژه و هر جمله، بسان آخرین نفس‌های یک مرد دردمند، بر صفحه کاغذ نقش بسته است. اما، افسوس که این وصیت نامه که شاید می‌توانست بازتاب آخرین خواسته ها و نگرانی‌های یک پدر و همسر دلسوز باشد، به دست مأموران جمهوری اسلامی سانسور شده بود. جوهر سیاه، برخی از بخش‌های آن را پوشانده بود، تا حتی بازماندگانش هم نتوانند تمام آن را بخوانند. آن چه باقی مانده بود، بخش‌هایی بود که مأموران صلاح دیده بودند. با این حال، وصیت نامه با جمله‌ای به پایان می‌رسید که از عمق روح اصغر برخاسته بود؛ جمله‌ای که دردی عمیق و عزمی استوار را به تصویر می‌کشید: "به فرزندانم بگو، پدرتان مردانه مرد."

پس از این ماجرا، مشخص شد که کودتا تنها به پایگاه هوایی شاهرخی محدود نبوده و هسته ای فعال در لشگر ۹۲ زرهی خوزستان نیز وجود داشته است. این لشگر که از نیروهای قدرتمند و استراتژیک کشور در جنوب غربی به شمار میرفت، در جریان کشف کودتا به شدت آسیب –

دید. گفته می‌شود که این یگان عظیم، که ستون فقرات دفاع کشور در آن منطقه بود، از هم پاشیده شده و بسیاری از تانک‌ها و تجهیزات سنگین آن از کار افتاده است. این دو نیروی کلیدی، یعنی لشگر ۹۲ زرهی خوزستان و پایگاه هوایی شاهرخی، که نقش اساسی در امنیت مرزهای غرب و جنوب غرب کشور داشتند، ضربات مهلکی را متحمل شدند و از توان رزمی و دفاعی آن‌ها به نحو چشمگیری کاسته شد.

آنچه که اهمیت این اتفاق را بیشتر می‌کند، این است که ماجرای دستگیری و اعدام‌ها به هیچ وجه منحصر به این دو پایگاه نبود. فضای بی‌اعتمادی و سرکوب، همچون ابری تیره بر سراسر کشور سایه افکنده بود و اغلب یگانهای نیروی هوایی، زمینی و دریایی کشور را در بر گرفته بود. در واقع، این موج گسترده دستگیری‌ها و اعدام‌های بدون محاکمه، نیروهای مسلح ایران را به شدت تضعیف کرده و بسیاری از افراد درگیر این ماجرا شدند. هر گوشه از کشور تحت تأثیر این فضای ترس و اضطراب قرار داشت، و حس نا امنی و شک و تردید، بر نیروهای نظامی و حتی غیرنظامی حاکم شده بود.

این فضای سنگین و بحرانی، نه تنها توان دفاعی کشور را ضعیف کرد، بلکه بسیاری از خانواده‌ها را از هم پاشاند و فضای روانی جامعه را تحت تأثیر قرار داد. از دست رفتن اعتماد میان هم رزمان و همکاران، و به خطر افتادن جان بسیاری از پرسنل وفادار به کشور، پیامدهایی سنگین‌تر از فقط یک کودتای ناموفق را به دنبال داشت، و هر لحظه می‌توانست نقطه آغاز یک فاجعه جدید شود.

❊❊❊❊

جلیل پوررضائی

درگیری‌های پراکنده مرزی

در طول ماه‌های منتهی به جنگ تحمیلی، مقامات جمهوری اسلامی ایران در سخنرانی‌های خود به طور مداوم صدام حسین، رئیس‌جمهور عراق را "کافر" و رژیم بعثی او را "طاغوتی" خطاب می‌کردند. این اظهارات تند و تیز، فضای سیاسی را بیش از پیش ملتهب می‌کرد. روزنامه‌های نزدیک به حکومت نیز به‌طور مرتب اخبار بمب‌گذاری‌های متعدد در شهرهای غربی ایران، به‌ویژه در استان خوزستان را به عوامل مزدور حکومت عراق نسبت می‌دادند. این فضای ملتهب همراه با فعالیت‌های خرابکارانه در مناطق مرزی، موجب می‌شد که هر روز بیش از پیش احساسات مردم و نیروهای مسلح برانگیخته شود.

در همین زمان، درگیری‌های متعدد با نیروهای کرد مخالف جمهوری اسلامی نیز فشار مضاعفی را بر نیروهای داخلی وارد کرده بود. به دلیل این درگیری‌ها، دو لشکر از نیروی زمینی و تعداد قابل توجهی از نیروهای سپاه پاسداران به منطقه کردستان اعزام شدند تا در برابر این نیروهای معارض ایستادگی کنند. این وضعیت، تمرکز نیروهای دفاعی ایران را پراکنده کرده و جبهه‌های مختلفی را برای ارتش و سپاه ایجاد کرده بود.

در همین زمان، ارتش عراق چندین لشکر خود را در مرزهای غربی ایران، از قصر شیرین تا خوزستان، مستقر کرده بود. برآوردهای نظامی نشان می‌داد که حمله عراق به ایران قریب‌الوقوع است. اما در میان این تهدیدها، گفته می‌شد که آیت‌الله خمینی اعلام کرده است: "عراق غلط می‌کند که به ایران حمله کند." اما نیروی هوائی علیرغم این اظهارنظر، به پایگاه‌های نیروی هوایی، از جمله پایگاه سوم شکاری که ما در آن خدمت می‌کردیم، دستور آماده‌باش داد.

با این حال، ضعف در ساختار فرماندهی و کنترل و عدم رعایت سلسله مراتب نظامی به‌ویژه در بخش پدافند هوایی، باعث می‌شد که این آماده‌باش جدی گرفته نشود. برای مثال، بارها شاهد بودم که خدمه یک توپ ضدهوایی، به‌جای استقرار در موقعیت خود و آماده بودن برای دفاع، در کنار توپ مشغول بازی والیبال یا فوتبال هست! این وضعیت نشان‌دهنده

نابسامانی و کمبود فرماندهی و کنترل بود، و در لحظات حساس می‌توانست به فاجعه منجر شود.

در اوایل شهریورماه ۱۳۵۹، ارتش عراق در نواحی اطراف شهرستان‌های قصر شیرین و گیلان غرب دست به حملات کوچک زد و با نفوذ محدود به خاک ایران، واحدهای پراکنده ما را زیر آتش توپخانه خود قرار داد. این درگیری‌های مرزی به تدریج تشدید شد و نیروی هوایی جمهوری اسلامی ایران دستور گرفت تا در صورت درخواست نیروهای زمینی، برای پشتیبانی هوایی از آنها وارد عمل شود. پایگاه ما نیز، به عنوان یکی از مراکز اصلی نیروی هوایی، آماده شد تا در اولین فرصت به یاری نیروهای زمینی بشتابد و از پیشروی‌های احتمالی عراق جلوگیری کند.

این تنش‌های مرزی که ابتدا با درگیری‌های پراکنده آغاز شد، به تدریج به یک نبرد تمام‌عیار تبدیل گشت و در نهایت جنگی هشت‌ساله را بر ملت ایران تحمیل کرد.

٭٭٭٭٭

پشتیبانی های نزدیک هوائی

در عملیات پشتیبانی نزدیک هوایی، نیروی هوایی وظیفه دارد که در صورت درخواست نیروهای سطحی، اعم از زمینی یا دریایی، با استفاده از جنگنده بمب‌افکنهای خود، مواضع دشمن را که در تیررس سلاح‌های دوربرد نیروهای سطحی نیستند، منهدم کند. این عملیات‌ها اغلب نقش حیاتی در سرنوشت نبردهای سطحی ایفا می‌کنند و می‌توانند به سرعت آتش توپخانه های دشمن را خنثی کنند.

یکی از این عملیات‌ها که در اواسط شهریورماه و در منطقه غرب سرپل ذهاب رخ داد، برای همیشه در خاطرم باقی مانده است. در این عملیات، یکی از فانتوم‌های ما مورد هدف تیربارهای هوائی قرار گرفت. هنوز مشخص نیست که آیا این آتش از جانب نیروهای خودی بود یا دشمن، اما نتیجه‌ی آن فاجعه‌ای بزرگ بود. خلبانان آن، قبل از برخورد هواپیما با زمین، با چتر نجات بیرون پریدند. ولی، سرنوشت بی‌رحم‌تر از آن بود که آنها را به سلامت به زمین برساند. زمانی که آنها در حال فرود با چتر بودند، هدف آتشبارهای ضدهوایی قرار گرفتند. خلبان کابین عقب، که در هوا مورد اصابت گلوله قرار گرفته بود، جان خود را همانجا از دست داد، اما شادروان سرگرد خلبان محمود اسکندری جان سالم بدر برد. این رویدادی است که هیچ‌گاه از خاطرم نمی‌رود.

این حادثه تنها یکی از جنایات متعدد و دردناکی بود که توسط پدافندهای ایران و عراق در طول جنگ به‌طور مکرر اتفاق می‌افتاد. مطابق ماده ٤٢ کنوانسیون سال ١٩٤٩ میلادی در ژنو ، تیراندازی به افرادی که با چتر نجات در حال فرود از هواپیماهای در حال سانحه هستند ممنوع است، اما در این جنگ بی‌رحم، قوانین بین‌المللی و انسانی به آسانی نادیده گرفته می‌شدند.

متعاقب این عمل وحشیانه، و با توجه به اینکه محل سقوط هواپیما در خاک ما قرار داشت، فرماندهی تصمیم گرفت تا چگونگی سانحه را بررسی کند. شادروان سرگرد خلبان علی شمس بیگی، فرمانده گردان ٣٢

شکاری، مأموریت یافت تا به منطقه سقوط هواپیما برود و علت مرگ خلبان کابین عقب را بررسی کند و گزارشی دقیق به فرماندهی ارائه دهد.

اما سرنوشت تلخ‌تر از آنچه تصور می‌کردیم، در انتظار او بود. هلیکوپتر حامل او، به دلیل یک اشتباه ناخواسته توسط خلبان، به جای فرود در محل سقوط هواپیما، درست در میان نیروهای خودی و دشمن سر در آورد. این اشتباه فاجعه‌آمیز باعث شد که هلیکوپتر در کمتر از چند لحظه توسط تیربارهای ضدهوایی هر دو طرف هدف قرار گیرد. هلیکوپتر در آسمان آتش گرفت و سقوط کرد. تمامی سرنشینان آن، از جمله شادروان سرگرد خلبان علی شمس بیگی، جان خود را از دست دادند.

فاجعه‌ای دوباره رقم خورد، و این بار یک قهرمان دیگر از دست رفت.

سرگرد خلبان علی شمس بیگی نه تنها همکار و همرزم من، بلکه دوست خانوادگی نزدیک ما بود. خانه‌های سازمانی‌مان در نزدیکی هم قرار داشتند و اغلب شب‌ها دور یک میز شام می‌خوردیم. این نزدیکی و دوستی باعث شده بود که او بخشی از زندگی روزمره‌مان باشد. خاطرات بسیاری از او دارم، اما آخرین باری که او را دیدم، هرگز از یادم نخواهد رفت.

آن شب، درست قبل از عزیمت او برای بررسی علت سانحه سقوط هواپیمای اف-٤، هر دو در پست فرماندهی مشغول انجام امور مختلف بودیم. من که نگران بودم علی برای مأموریت فردا خسته شود، به او گفتم: "علی، برو خونه بخواب. صبح زود باید پرواز کنی".

او با همان لبخند همیشگی خود، خنده کنان پاسخ داد: "جلیل، من فردا مسافرم".

این جمله‌اش به‌طرزی عجیب و نامعلوم در ذهنم ماندگار شد. آیا او به نوعی از سرنوشت غم‌انگیزی که در انتظارش بود خبر داشت؟ آیا منظورش از سفر، سفر به دیار عدم بود؟ نمی‌دانم، اما این فکر همیشه در ذهنم باقی ماند.

در اواسط همان شهریور ماه، چند روز پس از آن حادثه تلخ، فرمانده پایگاه، سرهنگ خلبان قاسم گلچین، مرا به‌عنوان فرمانده گردان ۳۲ شکاری منصوب کرد. این انتصاب در حالی انجام شد که هنوز غم و اندوه از دست دادن دوست و هم‌رزمم، علی شمس بیگی، بر قلبم سنگینی می‌کرد.

❋❋❋❋

اولین پرواز رزمی من

دو تا سه روز پس از آن حادثه تلخ، مأموریت جدیدی به گردان ما ابلاغ شد: یک پرواز پشتیبانی هوایی. ذهنم هنوز پر از اندوه از دست دادن علی بود، اما این مأموریت فرصتی فراهم می‌کرد تا با تمرکز بر مسئولیت‌ها، از غم فاصله بگیرم. به افسر برنامه‌ریزی گفتم: "خودم پرواز خواهم کرد".

هواپیمای ما مجهز به چهار تیر موشک هوا به زمین ماوریک ۱ بود، و در مسلسل آن نیز بیش از ۶۳۵ تیرگلوله‌های ۲۰ میلی‌متری قرار داشت. هدفی که برای ما تعیین شده بود، توپخانه نیروهای عراقی بود که در غرب گیلان‌غرب موضع گرفته بودند. با این حال، هیچ عکس هوایی از مواضع آنها گرفته نشده بود؛ تنها چیزی که داشتیم یک مختصات۲ ساده بود، و آن مختصات پنج مایل داخل خاک دشمن قرار داشت.

قبل از پرواز، من و کابین عقبم، ستوانیکم خلبان پرویز دهقان، تمامی محاسبات لازم را انجام دادیم و استراتژی را مرور کردیم. به پرویز گفتم: "چون هیچ عکس هوایی از توپخانه عراقی نداریم، از چند مایلی هدف به ارتفاع بالا اوج می‌گیریم و سپس به سوی هدف شیرجه خواهیم زد. اگر توانستیم هدف را ببینیم، تو دوربین موشک را روی آن قفل کن و من موشک را رها خواهم کرد".

نیم ساعتی بعد پرواز کردیم. در آن لحظات، هر دو با تمرکز کامل و هوشیاری بالا، آماده رویارویی با هرگونه چالشی بودیم. حدود ۲۰ مایلی از هدف بودیم که با افسر ناظر مقدم هوایی تماس گرفتم تا اطلاعات نهایی را دریافت کنیم.

---

۱) موشک ماوریک، یک موشک هدایت شونده تلویزیونی هوا به زمین هست، و میتواند هدفهای گوناگونی را با دقت زیادی تا فاصله ۱۲ مایلی مورد اصابت قرار دهد.

۲) مختصات هر نقطه بر روی کره زمین، فاصله محل تلاقی یک مدار و نصف النهاری است که از آن نقطه میگذرد، نسبت به خط استوا.

کرکس ۲ از شهاب ۱، می‌شنوی؟" هیچ پاسخی نمی‌آید.

دوباره تکرار می‌کنم:
"کرکس ۲، کرکس ۲، از شهاب ۱، صدای ما رو می‌گیری؟"

باز هم هیچ پاسخی دریافت نمی‌کنم. به پرویز گفتم: "ممکنه صدای ما رو میگیره، ولی فرستنده‌اش اشکال داره."

همزمان دکمه فرستنده رادیو را فشار می‌دهم و می‌گویم: "کرکس ۲ از شهاب ۱، اگه صدای ما رو می‌شنوی، ما در ۱۵ مایلی هدف هستیم و طبق برنامه کارمون رو انجام میدیم".

ناگهان افسر ناظر مقدم هوایی پاسخ داد:
"شهاب ۱ از کرکس ۲، صدای شما رو می‌گیرم. هدف شما تغییر نکرده".
پاسخ می‌دهم: "شنیدم".

چند دقیقه بعد، به ارتفاع حدود ده هزار پا اوج می‌گیرم و با زاویه تقریباً ده درجه به سمت مختصاتی که به ما داده شده شیرجه می‌روم. سرعت را به ۵۰۰ نات افزایش میدهم. ساعت حدود یک بعدازظهر است؛ هوا آفتابی و دید بسیار خوب است.

به سرعت به زمین نزدیک می‌شویم، اما هیچ نشانه‌ای از توپخانه دشمن دیده نمی‌شود. هواپیما را از حالت شیرجه خارج می‌کنم و به پرویز، خلبان کابین عقب، می‌گویم: "پرویز، من چیزی نمی‌بینم. یک دور دیگه می‌زنیم و دوباره به طرف همین منطقه شیرجه می‌کنیم. اگر چیزی ندیدیم، برمی‌گردیم پایگاه".

پرویز جواب میدهد: "شنیدم."

همانطور که در ارتفاع پائین مشغول بررسی زمین برای مشاهده هر گونه نشانه‌ای از توپ، تانک یا نفربر بودیم، ناگهان در سمت چپ هواپیما، در موقعیت ساعت ۹ و در فاصله‌ای حدود یک مایل، ستون دودی سیاه به –

هوا برخاست. دقیق‌تر که نگاه کردم، متوجه شدم تانکی با توپ خود به سمت ما تیراندازی می‌کند و چندین تانک دیگر نیز در اطراف آن در میان سنگرها پنهان شده‌اند.

به پرویز گفتم: "پرویز، تانک رو دیدی؟"

پرویز بدون مکث پاسخ داد: "آره، دیدم. چند تای دیگه هم اونجا مخفی شدن."

با دریافت این اطلاعات، از موقعیت آن‌ها چند مایلی فاصله گرفتم و هواپیما را به سرعت به ارتفاع ۱۰ هزار پا اوج دادم. در یک لحظه تصمیم گرفتم دوباره به سمت همان منطقه شیرجه بزنم، جایی که دود و گرد و خاک ناشی از تیراندازی و حرکت تانک‌ها همچنان در هوا دیده می‌شد. هر چه به زمین نزدیک‌تر میشدم، جزئیات بیشتری از تانک‌ها نمایان میگشت و حالا آن‌ها را به وضوح می‌دیدم.

دستگاه نشانه‌روی را بر روی همان تانکی که به سوی ما شلیک کرده بود، تنظیم کردم. پرویز نیز با دقت تمام، نشان بعلاوه را روی همان تانک که حالا در صفحه تلویزیون (رادار) هر دو کابین به وضوح قابل مشاهده بود، قرار داد و اعلام کرد که روی هدف قفل کرده است.

یک نگاه سریع به صفحه تلویزیون انداختم تا مطمئن شوم دوربین موشک روی تانک قفل شده است. سپس دکمه شلیک را فشار دادم. لحظه‌ای بعد، موشک زوزه کشان از زیر بال هواپیما جدا شد و با سرعتی سرسام‌آور به سمت هدف روانه شد. من همزمان با چابکی تمام هواپیما را به چپ و راست چرخاندم تا از آتش ضدهوایی دشمن در امان بمانیم.

در یکی از همین چرخش‌ها بود که ناگهان صحنه‌ای هیجان آور پیش چشمانم ظاهر شد؛ موشک دقیقاً به هدف برخورد کرد. تانک در لحظه‌ای به آتش کشیده شد و شعله‌های سوزان از آن زبانه کشیدند. از بالای سرم به منظره نگاه می‌کردم؛ انفجار تانک و شعله‌های آتش مانند نوری در دل تاریکی میدان نبرد می‌درخشید. چند مایلی از تانک‌ها فاصله گرفتم و تصمیم

می‌گیرم از جهتی دیگر به سوی آن‌ها حمله کنم. این بار به دلیل دود و آتشی که از تانک اولی به آسمان بلند شده بود، پیدا کردن موقعیت سایر تانک‌ها آسان‌تر شده است. با تمرکز و دقت بیشتری وارد حمله می‌شوم و در دو عبور مجدد، دو تانک دیگر را با موشک‌ها هدف قرار می‌دهیم. هر دو موشک به دقت به هدف اصابت کرده و انفجارهای شدید دیگری به دنبال داشت.

در عبور بعدی که برای زدن تانک دیگری شیرجه کرده بودم، متوجه شدم موشک چهارم به دلیل نقص فنی رها نمی‌شود. این نقص ناگهانی باعث شد که سریعا تصمیم بگیرم اوج‌گیری کرده و از منطقه درگیری خارج شوم تا از ضدهوائی دشمن در امان باشم.

پس از بازگشت به پایگاه شاهرخی و فرود آمدن، متوجه شدیم که هواپیما دچار آسیب شده است. سوراخی به قطر حدود پنج سانتی‌متر روی سکان عمودی هواپیما دیده می‌شد، که نشانه‌ای از برخورد گلوله‌های ضدهوایی دشمن بود. خوشبختانه، این گلوله به نقطه حساس‌تری از هواپیما اصابت نکرده بود؛ اگر به زیر بدنه و سیستم‌های حیاتی برخورد می‌کرد، ممکن بود منجر به آتش‌سوزی یا از کار افتادن سیستم‌های کنترل هواپیما می‌شد. آن روز شانس با ما یار بود، چرا که می‌توانستیم با یک حادثه جدی و خطرناک روبرو شویم.

❋❋❋❋❋

فصل ۴

حمله عراق به ایران

۳۱ شهریور ۱۳۵۹، ساعت ۱۳:۴۵

پایگاه هوائی شاهرخی (همدان)

در تابستان، معمولاً سرویس اداری از ساعت ۶ صبح آغاز و در ساعت ۲ بعد از ظهر به پایان می‌رسد. از حوالی ساعت ۱ بعد از ظهر، کار به اصطلاح تق و لق می‌شود، و این زمان، هنگامی است که امور به تدریج به پرسنل شیفت بعدازظهر واگذار می‌گردد.

در این روز خاص، ساعت ۱۳:۳۰ به وقت پایگاه شاهرخی بود. دور یک میز بزرگ در اتاق جنگ پست فرماندهی پایگاه، تعدادی از خلبانان ارشد پایگاه گرد هم آمده بودند. سرهنگ دوم خلبان قاسم گلچین، فرمانده پایگاه؛ سرگرد خلبان فرج‌الله براتپور، معاون عملیات؛ شادروان سرگرد خلبان محمود اسکندری، فرمانده گردان ۳۱ شکاری؛ سرگرد خلبان ناصر کاظمی، رئیس دایره طرح‌های عملیاتی؛ سرهنگ دوم خلبان علی صابونچی که از تهران به پایگاه مأمور شده بود؛ و من، به عنوان فرمانده گردان ۳۲ شکاری، در این جلسه حضور داشتیم. موضوع بحث ما حمله احتمالی عراق به ایران بود، و همگی متفق‌القول بودیم که این حمله قریب‌الوقوع است.

جلیل پوررضائی

طرح‌های ما برای یک حمله ناگهانی به پایگاه‌های هوایی عراق کاملاً آماده بود. باور داشتیم که باید پیش‌دستی کنیم و با یک حمله غافلگیرکننده، عراق را به چالش بکشیم. در حین بررسی این طرح‌ها و بیان دیدگاه‌های مختلف، سرهنگ گلچین، فرمانده پایگاه، ناگهان صحبت‌های دکتر چمران، وزیر دفاع، را نقل کرد. او گفت که دکتر چمران به نقل از آیت‌الله خمینی تأکید کرده است: "عراق غلط می‌کند که به ایران حمله کند!"

همه ما با تردید نگاهی به فرمانده پایگاه و یکدیگر انداختیم، چون همه می‌دانستیم که شرایط بحرانی است و بایستی پیشدستی کنیم، اما افسوس که دستور شروع جنگ به هر ارتشی همواره از طرف سردمداران مملکت ابلاغ می‌شود، و ما بایستی منتظر دستور می‌شدیم.

در گرماگرم بحث و تبادل نظر بودیم که ناگهان حدود ساعت ۱۳:٤٥ آژیر حمله هوایی به صدا درآمد. صدای زنگ خطر به وضوح اعلام کرد که اتفاقی بسیار جدی در حال وقوع است. لحظاتی بعد، انفجارهای پیاپی بمب‌ها و غرش شدید چندین جنگنده بمب‌افکن شنیده شد. صدای انفجارها نزدیک و مهیب بود.

همگی در سکوت کامل و با حسرت به یکدیگر نگاه کردیم؛ این همان لحظه‌ای بود که از قبل پیش‌بینی کرده بودیم، اما افسوس که فرصت پیش‌دستی را از دست داده بودیم. حالا دشمن بود که زودتر از ما حمله کرده بود.

طولی نکشید که مشخص شد این حمله گسترده‌تر از آن چیزی است که در ابتدا تصور می‌کردیم. در کمتر از یک دقیقه اطلاعاتی به دست ما رسید که نشان می‌داد، جنگنده‌های بمب‌افکن نیروی هوایی عراق به طور همزمان به چندین پایگاه مهم ایران از جمله مهرآباد، تبریز، وحدتی در دزفول، امیدیه، بوشهر، اصفهان، و همچنین فرودگاه‌های غیرنظامی کرمانشاه، آبادان و اهواز حمله کرده‌اند.

برج کنترل ترافیک هوایی پایگاه به سرعت با پست فرماندهی تماس گرفت و اطلاع داد که یکی از بمب‌های دشمن به باند پروازی ۳۱ اصابت –

کرده است. فرمانده پایگاه و رئیس عملیات به سرعت برای بررسی خسارات به سمت باند حرکت کردند. پس از بازگشت، گزارش دادند که یک بمب به ۲۰۰۰ پایی ابتدای باند برخورد کرده و سطح آن را به قطر ۲۰ پا ترک داده است. خوشبختانه، گردان مهندسی پایگاه فوراً برای ترمیم باند دست به کار شده بود و پیش‌بینی می‌شد که تا یک ساعت دیگر باند برای پروازهای عملیاتی آماده شود.

آن لحظات پرتنش و اضطراب‌آور، گواهی بود بر آغاز رسمی جنگ؛ جنگی که ما در دل آن قرار گرفته بودیم و به سرعت باید تصمیم‌های سرنوشت‌سازی برای دفاع از کشور می‌گرفتیم.

پس از این حمله، فرمانده پایگاه به سرعت دستور اجرای طرح تخلیه پایگاه را صادر کرد. طبق این طرح، تمام خانواده‌های پرسنل باید فوراً با اتوبوس‌های پایگاه یا هر وسیله دیگری که در دسترس بود، پایگاه را ترک کرده و به شهرهای خود پناه ببرند. من بلافاصله تلفن را برداشتم و با احمد، شوهر خواهرم که در رشت زندگی می‌کرد، تماس گرفتم. از او خواستم هر چه زودتر به سمت شاهرخی حرکت کند تا همسرم هما و فرزندانم، پرتد و پورنگ را به رشت منتقل کند. نگرانی و اضطراب در صدایم موج می‌زد، چرا که می‌دانستم شرایط پایدار نخواهد بود و خانواده‌ام باید هرچه سریع‌تر به مکانی امن برسند.

مشکل اصلی که منجر به غافلگیری ما شد، ضعف سیستم‌های دفاعی و عدم توانایی رادارهای پایگاه در شناسایی به‌موقع جنگنده‌های دشمن بود. رادار قدیمی همدان که برای پوشش هوایی منطقه به‌کار گرفته شده بود، نتوانست هواپیماهای دشمن را که در ارتفاع بسیار پایین، حدود ۳۰۰ پایی از سطح زمین پرواز می‌کردند شناسایی کند. تنها رادار تقرب پایگاه، که به طور معمول برای هدایت هواپیماها در مراحل خروج و یا فرود استفاده می‌شود، توانست هواپیماهای دشمن را در فاصله ۲۰ مایلی از پایگاه تشخیص دهد و گزارش کند.

با این حال، همانطور که در صفحات پیش گفته شد، عدم انضباط و –

ضعف در فرماندهی و کنترل باعث شد که پدافند پایگاه واکنش مناسبی به این اطلاعات نداشته باشد. پرسنل توپ‌های ضدهوایی نتوانستند به‌موقع اقدام کنند و تنها پس از انفجار بمب‌ها و فرار هواپیماهای دشمن، شروع به تیراندازی بی‌هدف به اطراف کردند. این کاستی‌ها نتیجه ضعف در هماهنگی و فرماندهی بود؛ و ما هم به عنوان خلبانان این پایگاه، در برابر حمله‌ای که می‌توانستیم از آن جلوگیری کنیم، دست بسته مانده بودیم.

در حدود ساعت ۱٤:۳۰ پیامی از پست فرماندهی نیروی هوائی به این مضمون به پایگاه ما مخابره شد: " به منظور تلافی حمله ناجوانمردانه رژیم بعثی عراق، و تقویت روحیه پرسنل، پایگاه ماموریت دارد که در اسرع وقت با چهار فروند اف٤، هر کدام مجهز به شش بمب ۷۵۰ پوندی یکی از پایگاههای هوائی دشمن را که در لیست هدفهای آن پایگاه قرار دارد، بمباران نماید".

فرمانده پایگاه در میان همه رو به من کرد و گفت، "جلیل، این کار، کار توهست." به این ترتیب لیدری اولین ماموریت بمباران در خاک عراق بمن ابلاغ میشود ۱.

در طرح پایگاه، ماموریت من بمباران پایگاه هوائی الکوت با دوازده فروند اف٤ بود، ولی با توجه به شرایط وقت تصمیم بر این گرفته شد که فعلا حمله فقط با چهار فروند صورت گیرد.

در گذشته فکر میکردم، جنگ کردن و کشته شدن بایستی خیلی ترسناک باشد؛ بالاخره جان آدم است و اینکه پس از کشته شدنم بر سر همسر و فرزندانم چه خواهد آمد، فوق العاده نگرانم میکرد. اما علیرغم همه نگرانیها، در آن زمان شدت خشم و فکر اینکه ایران به چه روزی افتاده که کشور کوچکی مانند عراق به خود جرات میدهد که به آن حمله کند مرا بشدت تحت تاثیر قرار داده بود. احساس انتقام در من بحدی بود که حتی به مرگ نیز فکر نمیکردم.

---

۱) در باره این ماموریت فیلم کوتاهی دریوتیوب با نام IRIAF-Operation: Revenge یا عملیات انتقام موجود است، و سروان خلبان کریمی نیا و سروان خلبان رجبی مقدم در غیاب من خیلی خوب مختصری از عملیات را شرح داده اند.

در این مأموریت، ستوانیکم خلبان پرویز دهقان درکابین عقب من پرواز میکند. در گروه ما، شماره ۲، ستوانیکم خلبان شادروان علی صالحی در کابین جلو و ستواندوم خلبان شادروان خالد پورحیدری در کابین عقب پرواز می‌کنند. شماره ۳، سروان خلبان حسین کریمی‌نیا با همراهی ستوانیکم خلبان کوپال، و شماره ٤، سروان خلبان رجبی مقدم و ستوانیکم خلبان شادروان جانفشان هستند.

برای مرور جزئیات مأموریت، دسته پروازی خود را به اتاق جنگ دعوت می‌کنم. همگی دور یک میز بزرگ که نقشه‌های ایران و عراق زیر شیشه‌ای روی آن قرار دارند، می‌نشینیم. بر دیوارهای اتاق نیز نقشه‌هایی با مقیاس‌های مختلف نصب شده‌اند و روی آن‌ها موقعیت تجمع توپ‌ها و موشک‌های ضدهوایی عراق با سنجاق‌های رنگی مشخص شده است. هر رنگ نشان‌دهنده نوع سامانه ضدهوایی، از جمله توپ‌های ۲۳ و ٥٠ میلی‌متری و موشک‌های سام ۲، ۳ و ٦ است.

ماموریت را با دقت برای تمامی اعضای دسته پروازی شرح می‌دهم. برای جلوگیری از استراق سمع دشمن، قرار بر این است که به‌جز امتحان رادیوها و در مواقع ضروری دیگر، کل پرواز پس از روشن کردن هواپیماها و تماس اولیه با برج کنترل، در سکوت کامل رادیویی انجام شود.

سال‌ها پیش، یکی از هواپیماهای شناسایی ما از باند پروازی الکوت در خاک عراق عکسبرداری کرده بود و نسخه‌ای از آن عکس بر روی دیوار اتاق نصب شده بود. با بررسی عکس هوایی، برنامه حمله را به این شکل تعیین میکنم: "من یک‌سوم ابتدایی باند را هدف خواهم گرفت، شماره ۲ وظیفه دارد وسط باند را بمباران کند، شماره ۳ یک‌سوم انتهایی باند را هدف قرار دهد، و شماره ٤ هم هر نقطه‌ای از باند را که سالم مانده باشد، بمباران خواهد کرد."

دستورها با وضوح کامل داده شده بود و نقشه‌ها و عکس‌ها با دقت بررسی شده بودند. حالا همه چیز برای اجرای اولین حمله به خاک دشمن آماده بود. در نگاه‌های مصمم و لب‌های به‌هم فشرده خلبانان، عزم راسخ آنان برای پاسخ قاطعانه به تجاوز عراق به‌خوبی دیده می‌شد.

برای اجتناب از شناسایی توسط رادارهای دشمن، پرواز ما در ارتفاعی بسیار پایین انجام می‌شد. یکی از بزرگ‌ترین خطراتی که در این نوع پرواز خلبانان را تهدید می‌کند، برخورد با پرندگان یا موانعی نظیر دکل‌های برق فشار قوی، آنتن‌های مخابراتی، و یا تجهیزات رادیو و تلویزیون است. با نوک خودکارم به دکل‌های برق فشار قوی که در شمال رودخانه دجله و نزدیک پایگاه هوایی کوت عراق قرار داشتند، اشاره کردم و تأکید نمودم که همه باید دقت کنند تا از برخورد با این کابل‌ها یا دکل‌ها جلوگیری نمایند.

برای آگاهی بیشتر خوانندگان، در یک پرواز جمع نزدیک، مانند پروازهای اکروباسی که در مراسم‌های مختلف انجام می‌شود، خلبانان برای حفظ فاصله دقیق با هواپیمای مجاور، مدام به لیدر یا هواپیمای کناری خود نگاه می‌کنند و در چنین شرایطی مسئولیت جلوگیری از برخورد با موانع به عهده لیدر است. اما در پروازهای رزمی، که فاصله هواپیماها از یکدیگر بیشتر است، این وظیفه بر عهده خود خلبانان است تا با دقت از موانع و خطرات احتمالی پرهیز کنند.

در این مأموریت، شماره ۲ در بال چپ من و در فاصله ۳۰۰۰ پایی قرار داشت. شماره ۳ پشت سر من و اندکی به راست، در فاصله یک و نیم مایلی پرواز می‌کرد، و شماره ٤ نیز در فاصله ۳۰۰۰ پایی، در سمت چپ شماره ۳ قرار داشت.

نحوه حمله ما هم چنین بود: در نزدیکی پایگاه هوایی کوت، برای آغاز حمله، با استفاده از پس‌سوز۱ موتورهای هواپیما، به ارتفاع ۱۵۰۰۰ پا اوج میگرفتیم. هر خلبان با زاویه شیرجه ٤٥ درجه و سرعت ۵۰۰ نات در ساعت، همزمان تمامی شش بمب خود را رها می‌کرد. پس از رهاسازی بمب‌ها، برای اجتناب از آتش توپ‌های ضد هوایی دشمن، هواپیماها در ارتفاع ۵۰۰۰ پایی از شیرجه خارج می‌شدند و با انجام مانورهای شدید -

---

۱) در پس سوز، یا After Burner قدرت هر موتور از ۱۱۸۷۳ پوند به ۱۷۹۰۰ پوند افزایش می یابد.

به چپ و راست، مجدداً به ارتفاع پایین بازمی‌گشتند. پس از عبور از مرز و ورود به خاک ایران، همه هواپیماها دوباره به ارتفاع بالا اوج گرفته و به من ملحق می‌شدند.

پس از اتمام جلسه توجیهی و با توجه به اینکه هنوز ترمیم باند پروازی کامل نشده بود، به سرعت به سمت جیپ سازمانی‌ام رفتم و به خانه بازگشتم. در خانه، به همسرم هما اطلاع دادم که از احمد خواستم بیاید و شما را به رشت منتقل کند. سپس، در حالی که نگرانی در چشمان او مشهود بود، کلت خود را برداشتم و با عجله سوار جیپ شدم و به پست فرماندهی بازگشتم.

دقایقی بعد خبر رسید که ترمیم باند پروازی رو به اتمام است. همه خلبانان سوار مینی‌بوس شدیم و راننده ما را به اتاق چتر رساند. در آنجا، لباس ضد فشار و جلیقه اتصالات چتر نجات را پوشیدیم و ماسک اکسیژن و کلاه پرواز خود را امتحان کردیم. سپس دوباره سوار مینی‌بوس شده و به سمت آشیانه‌های هواپیماها حرکت کردیم.

در حالی که به هواپیمای فانتوم خود نزدیک می‌شدم، ابهت آن را در دل تحسین می‌کردم؛ هواپیمایی مجهز به شش بمب ۷۵۰ پوندی، سه باک خارجی بنزین، و دستگاه پخش پارازیت ضد رادار. مسلسل دماغه هواپیما نیز پر از گلوله‌های ۲۰ میلی‌متری بود. گردان نگهداری هواپیماها از قبل تمام تجهیزات و مهمات لازم را آماده کرده بود.

با همافر مسئول هواپیما، که به او کروچیف گفته می‌شد، دست دادم. پس از مرور فرم و انجام بازدید نهایی از هواپیما، از نردبان بالا رفتم و روی صندلی خود قرار گرفتم، آماده برای آغاز مأموریت.

هواپیماها را روشن می‌کنیم و دقایقی بعد پرواز مینمائیم. هواپیماهای شماره ۲، ۳ و ۴ هر کدام به ترتیب در موقعیت‌های از پیش تعیین‌شده خود قرار می‌گیرند.

‫– با غرش هواپیماها، از فراز کوه‌های سر به فلک کشیده جنوب غربی

ایران به سوی کویرهای گستره جنوب عراق پیش می‌رویم، و لحظه به لحظه به پایگاه الکوت نزدیک‌تر می‌شویم. در دل این مسیر، کاروان‌های شتر که به آرامی در کویر قدم برمی‌دارند، در برابر چشمانم در افق ظاهر می‌شوند. در میان این همه هیجان و اضطراب، شعری از اعماق تاریخ و فرهنگ و طنم در ذهنم طنین‌انداز می‌شود:"ای کاروان آهسته ران، که آرام جانم می‌رود". این زمزمه آرام‌بخش، در میان هیاهوی مأموریت، احساسی دیگر بمن میدهد.

سرانجام به نقطه‌ای از رودخانه دجله نزدیک می‌شویم که تنها بیست مایل با هدف اصلی ما فاصله داشت. طبق برنامه، قرار بود در این نقطه زمان‌گیری مجدد انجام دهیم، سپس چند درجه به راست بگردیم و پس از حدود دو دقیقه به موقعیت مناسب برای پرتاب بمب‌ها برسیم.

در تلاش برای تخمین میزان دید به سمت پایگاه کوت، که در سمت راست ما قرار داشت، به همان سمت نگاه میکنم و دوباره سرم را به سمت روبرو برمی‌گردانم، اما ناگهان از گوشه چشم چپ صحنه‌ای وحشتناک می‌بینم که باورش دشوار است. هواپیمای شماره ۲ به دکل برقی برخورد کرده و آتش گرفته بود. در کمتر از سه ثانیه، دماغه هواپیما به شدت به سمت بالا کشیده شد و سپس به پشت چرخید. همزمان، کاناپی کابین عقب جدا شد و هواپیما با سرعت زیاد به داخل رودخانه دجله سقوط کرد و متلاشی گشت.

کاملاً مشخص بود که شادروان صالحی دکل برق را بسیار دیر دیده و در تلاش بود با کشیدن دماغه هواپیما از برخورد جلوگیری کند. هرچند او و یا همرزمش در کابین عقب تلاش کردند با کشیدن اهرم صندلی نجات، از فاجعه بگریزند، اما زمان برای نجات آنها بسیار دیر شده بود. هواپیما از کنترل خارج شد و در سقوطی سریع به اعماق رودخانه فرو رفت.

در این سانحه تلخ، ستوانیکم خلبان شادروان علی صالحی و کابین عقب او، ستوانیکم خلبان شادروان خالد پورحیدری، هر دو جان خود را از دست دادند و نامشان برای همیشه در تاریخ دفاع هوایی ایران جاودانه شد.

با وجود اینکه شماره‌های ۳ و ٤ نیز شاهد آن صحنه دلخراش بودند، -

اما سکوت رادیویی را حفظ کردند. در آن لحظات، همگی فقط به بمباران هدف و خطر پدافند دشمن که پیش رویمان بود، فکر می‌کردیم. بلافاصله دستور دادم: "ادامه میدیم. شماره ٤، مأموریت شماره ٢ رو انجام بده." شماره ٤ بدون هیچ‌گونه صحبتی، با فشار دادن دکمه رادیوی خود، دریافت دستور را به من اطلاع داد.

راس زمان تعیین‌شده، همگی به دقت به سمت پایگاه هوایی الکوت گردش کردیم. تقریباً پنج مایل تا هدف فاصله داشتیم و تأسیسات پایگاه و برج کنترل به‌وضوح دیده می‌شد. از شماره‌های ٣ و ٤ پرسیدم: "٣ و ٤، هدف رو دارید؟" هر دو تأیید کردند که هدف را می‌بینند.

هر دو موتور را به حداکثر قدرت پس‌سوز رساندم و به سرعت به ارتفاع بالاتر اوج گرفتم. از آنجا یک سوم ابتدایی باند را هدف قرار دادم. ستوانیکم پرویز دهقان، کابین عقب من، شروع به اعلام ارتفاع کرد: "١٤٠٠٠ پا، ١٢٠٠٠ پا، ١٠٠٠٠ پا." وقتی به ٨٠٠٠ پا رسید، به جای اعلام ارتفاع، گفت: "Ready" به معنای "آماده"، و به جای ٧٠٠٠ پا، گفت: "Pickle"، یعنی "بمب‌ها را رها کن".

با شنیدن کلمه "Pickle"، شست خود را روی دکمه بمب که روی فرامین هواپیما قرار داشت فشار دادم و احساس کردم هر شش بمب از هواپیما جدا شدند. بلافاصله هواپیما را از حالت شیرجه به حالت افقی برگرداندم و برای اجتناب از توپ‌های ضدهوایی و موشک‌های دشمن که از هر سو به سمت ما می‌آمدند، سریعاً با اعمال ٤ تا ٥ جی به چپ و راست گردش کردم.

در مسیر برگشت با شماره‌های ٣ و ٤ تماس گرفتم و هر دو اعلام کردند که سالم هستند. پس از عبور از مرز، به ارتفاع بالایی اوج گرفتیم و شماره‌های ٣ و ٤ نیز به من پیوستند. همگی وضعیت هواپیمای یکدیگر را بررسی کردیم؛ خوشبختانه از میان صدها تیر پدافند دشمن، حتی یک گلوله هم به ما اصابت نکرده بود.

همگی به سلامت در باند ٣١ راست پایگاه شاهرخی فرود آمدیم و با –

استقبال فرمانده پایگاه و ده‌ها تن از پرسنل گردان نگهداری مواجه شدیم.

پرسنل گردان برای استقبال از ما، یک گوسفند قربانی کردند؛ حرکتی که اصلاً از آن خوشم نیامد، اما ترجیح دادم چیزی نگویم.

برای تکمیل فرم گزارش پرواز به پست فرماندهی رفتم. همان‌جا بود که متوجه شدم، حمله سراسری نیروی هوایی قرار است در سپیده‌دم فردا انجام شود. پایگاه ما موظف بود با ۳۶ فروند فانتوم، در سه گروه ۱۲ فروندی، به پایگاه‌های هوایی الرشید بغداد، پایگاه حبانیه در ۴۰ مایلی غرب بغداد، و مجدداً به پایگاه الکوت در ۸۵ مایلی جنوب شرق بغداد حمله کند. مسئولیت لیدری گروه ۱۲ فروندی که قرار بود مجدداً پایگاه هوایی کوت را بمباران کند، بر عهده من بود.

ساعت حدود ۸ شب به خانه رفتم. همسرم، هما، با چشمانی نگران به استقبالم آمد. از مأموریت رزمی که انجام داده بودم، چیزی به او نگفتم. در همین حال، شوهر خواهرم احمد نیز که فاصله پنج ساعته رشت تا پایگاه را در چهار ساعت پیموده بود، آنجا حضور داشت.

به هما و احمد گفتم: "حتماً می‌دانید که جنگ شروع شده و اینجا دیگر جای امنی نیست. پایگاه باید از تمامی غیرنظامیان تخلیه شود." همسرم اصرار داشت که خودش بماند و تنها بچه‌ها را به رشت بفرستد، اما موفق شدم قانعش کنم که این کار عاقلانه نیست و او باید همراه بچه‌ها برود و از آن‌ها مراقبت کند.

از دخترم پرند پرسیدم که هنگام بمباران پایگاه توسط هواپیماهای عراقی کجا بود و چه احساسی داشت. او گفت که با برادرش، پورنگ، پشت خانه مشغول بازی بودند که ناگهان صدای چندین انفجار عظیم بلند شد. پرند با صدایی لرزان ادامه داد که بسیار ترسیده بود و پورنگ هم، از شدت وحشت، ناگهان زیر گریه زد و با هراس می‌گفت: "پرند، پرند، من تیر خوردم!" در حالی که هیچ تیری در کار نبود. طفلک پورنگ، که بیشتر از چهار سال نداشت، از شدت ترس چنان تصور کرده بود.

❋❋❋❋❋

هما، پرند و پورنگ
عکس: از آلبوم نویسنده

جلیل پوررضائی

پایگاه در سکوت وهم‌انگیز شب فرو رفته بود. تاریکی مطلق همه‌جا را پوشانده بود. رادیو ایران با لحنی پرهیجان اعلام می‌کرد که هواپیماهای عراقی ناجوانمردانه به خاک ایران حمله کرده‌اند، اما تیزپروازان شجاع نیروی هوایی با بمباران پایگاه‌های دشمن، پاسخی قاطع به آنان داده اند. در همان حال، آیت‌الله خمینی نیز در سخنرانی کوتاهی با طعنه‌ای سنگین به صدام حسین، او را "دیوانه‌ای" خطاب کرد که "آمده و چند سنگ اینجا و آنجا انداخته و رفته است."

پس از شنیدن این اخبار، من شام مختصری خوردم؛ اما آرامش نداشتم. به اتاق خواب پناه بردم، جایی که تیراندازی‌های بی‌امان ضدهوایی‌ها آرامش شب را می‌شکست. توپ‌های ضدهوایی، که گویا پس از حمله دشمن بخود آمده بودند، به اشتباه هر ستاره‌ای را هواپیمای دشمن فرض کرده و به سمتش شلیک می‌کردند. به نظر می‌رسید هیچ کنترلی در کار نبود؛ فقط تیرهایی بی هدف به سمت آسمان بی‌کران رها می‌شد.

ساعت حدود ۲:۳۰ بامداد بود. با همسرم وداع کردم، بچه‌هایم را بوسیدم و راهی پست فرماندهی شدم. هوا سنگین بود و بوی اگزوز موتورهای جت فانتوم‌ها که پرسنل فنی گردان نگهداری در تاریکی شب آزمایش کرده بودند، در هوا می‌پیچید. در راس ساعت ۳ صبح در مقابل نقشه‌ای که به دیوار نصب شده بود قرار گرفتم.؛ نقشه‌ای که در آن سرنوشت مأموریت ما رقم می‌خورد.

بجز من در جمع ۲٤ نفری ما، تنها یک خلبان ارشد دیگر حضور داشت؛ سرگرد خلبان شادروان حسن قهستانی. او از پایگاه دیگری به ما پیوسته بود و یکی از برجسته‌ترین خلبانان نیروی هوایی به شمار می‌رفت. حسن، رهبر آخرین گروه چهارفروندی ما بود، بخشی از دسته‌ای دوازده‌فروندی که برای مأموریت آماده می‌شد.

هواپیماهای ما مجهز به جنگ‌افزارهای سنگین بودند. از مجموع دوازده هواپیما، هشت فروند هر کدام با شش بمب ۷٥۰ پوندی آماده حمله بودند. چهار فروند باقی‌مانده نیز به بمب‌های خوشه‌ای تجهیز شده بودند، سلاح‌هایی که قرار بود ضربه مهلکی را به دشمن وارد کنند.

لحظه‌به‌لحظه به زمان اجرای مأموریت نزدیک‌تر می‌شدیم و سکوت سنگین و پرابهت پیش از طوفان در فضای اطاق جنگ حکمفرما بود.

قبل از آغاز جلسه توجیهی پرواز، فرصت کوتاهی دست داد تا با حسن، که رهبری چهار فروند آخر را بر عهده داشت، مشورت کنم. تصمیم گرفتیم که پس از رسیدن به آخرین نقطه شناسایی، او در همان ارتفاع پایین به سمت هدف گردش کند و همه خلبانان گروه او، تمامی ٢٤ تیر بمب‌های خوشه‌ای۱ خود را در آن ارتفاع روی پدافند دشمن رها کنند. ولی هشت فروند ما پس از جدا شدن از گروه حسن، مسیر مستقیم را برای چند لحظه بیشتر ادامه می‌دادیم، و با کمی تأخیر به سمت هدف برمی‌گشتیم، و درست زمانیکه آنها بمب‌های خود را رها میکردند، ما در حال شیرجه بودیم.

این استراتژی باعث می‌شد دشمن دچار اشتباه شود؛ پدافند آنها با دیدن هواپیماهایی که در ارتفاع پایین حمله می‌کردند، تصور می‌نمودند که همه هواپیماها در همان ارتفاع خواهند بود، بی‌خبر از اینکه هشت فروند دیگر از ارتفاع بالا در حال شیرجه برای بمباران هستند. این حرکت، فرصتی برای گمراهی پدافند دشمن فراهم می‌کرد و به ما امکان می‌داد که ضربه‌ای غافلگیرکننده وارد کنیم.

اما در همین حین، وضعیتی پیچیده بر خلبانان حاکم بود. انقلاب و نابسامانی‌های اجتماعی، کمبود مایحتاج عمومی، گرانی، بی‌نظمی و پاکسازی‌های سیاسی، بسیاری از خلبانان را که در دوران سلطنت پهلوی با غرور و افتخار زندگی می‌کردند، به وضع روحی ضعیفی رسانده بود. روحیه همیشه نقشی حیاتی در تمایل به جنگ و پیروزی ایفا می‌کند. اما ضربات پیاپی که طی دو سال گذشته به جامعه خلبانان وارد شده بود، باعث تزلزل و ناامنی شغلی آنها شده بود. روحیه‌ها پایین بود و ابهام در آینده –

---

۱)   توضیح اینکه در داخل هر بمب خوشه‌ای تعداد زیادی بمب‌های کوچکتر باندازه یک نارنجک قرار دارد و فیوز بمب را قبل از پرواز در عددی قرار میدهند که بمب پیش از اصابت به زمین منفجر شود. با انفجار بمب، دهها بمب کوچکتر باطراف پرتاب میشود که بسیار مناسب برای صدمه رساندن به پدافند دشمن بود.

همه را دچار یأس کرده بود. بسیاری از خلبانان به دلایل واهی یا به‌خاطر ابراز عقاید مخالف با جمهوری اسلامی از کار برکنار شده بودند. تعدادی دیگر، که به شرکت در کودتا متهم شده بودند، بدون هیچ ترحمی به جوخه‌های اعدام سپرده شدند و برخی دیگر هنوز در زندان‌ها به‌سر می‌بردند. این وضعیت سخت و تیره‌وتار، تأثیری عمیق بر روحیه خلبانان گذاشته و آن‌ها را در برابر دشواریهای جنگ آسیب‌پذیرتر کرده بود.

تنها انگیزه‌ای که در این روزهای پرآشوب باقی مانده بود، عشق به وطن و دفاع از آن بود؛ حسی که هرگونه تردید را از ذهن خلبانان دور می‌کرد و به آنها نیرویی می‌داد که هیچ چیز دیگری نمی‌توانست. نام ایران، خاک مقدسی که اکنون مورد تجاوز قرار گرفته بود، به‌تنهایی کافی بود تا هر یک از ما را به میدان نبرد بکشاند. حمله عراق به سرزمین‌مان غرور ملی‌مان را جریحه‌دار کرده بود و همین غرور باعث شده بود تا همه، بی‌هیچ تردیدی، آماده جان‌فشانی باشند. در این جنگ، کشتن و کشته شدن جزء لاینفک آن بود، اما این حقیقت تلخ چیزی از عزم ما برای دفاع از خاکمان نمی‌کاست.

ابتدا یک فرکانس۱ رادیویی مشخص را به عنوان فرکانس داخلی در اختیار خلبانان گروه خود قرار دادم تا در طول مأموریت ارتباطات درون گروهی را بر آن پایه تنظیم کنیم. سپس، حدود یک ساعت در مورد جزئیات عملیات صحبت کردم و دستور دادم که پس از روشن کردن هواپیماها و انجام آزمایش‌های رادیویی، تا زمانی که به نزدیکی هدف نرسیده‌ایم، بجز در موارد اضطراری همه در سکوت کامل رادیویی پرواز کنند.

برنامه‌ریزی به‌دقت انجام شده بود. قرار بود که اولین دسته دوازده‌فروندی دقیقاً در ساعت ۵:۳۰ بامداد از زمین برخیزد و به سمت اهداف تعیین‌شده حرکت کند. پس از آنها، دوازده فروند دوم، و سپس سوم به پرواز در می‌آمدند و راهی مأموریت‌های خود می‌گشتند.

---

۱) این فرکانسی بین ۲۲۵ تا ۴۰۰ مگا هرتز هست که لیدر انتخاب می‌کند، و فقط خلبانانی که در بال او پرواز می‌کنند از آن آگاه هستند.

لحظه‌ها به سرعت سپری می‌شدند و هر خلبان، با قلبی سرشار از عشق به وطن، آماده بود تا با هر چه در توان دارد، از آنچه مقدس می‌دانست، دفاع کند.

پس از صرف صبحانه، همگی شلوارهای ضد فشار و جلیقه‌های چتر نجات خود را به تن کردیم. کلاه مخصوص پرواز، که ماسک اکسیژن به آن متصل بود را بدست گرفتیم و برای حرکت به سمت هواپیماها آماده شدیم. اتوبوسی که قرار بود ما را به آشیانه‌ها ببرد، منتظر بود. هوا گرگ و میش بود و سرمای ملایمی در هوا حس می‌شد. به محض حرکت اتوبوس، یکی از خلبانان، به رسم شوخی و به تقلید از سفرهای با اتوبوس در جاده‌های قدیمی ایران، با صدای بلندی همه را به فرستادن صلوات دعوت کرد. صدای خنده در اتوبوس پیچید؛ این دعوت بیش از آنکه جدی باشد، نوعی شوخی بود که همه خلبانان با آن آشنا بودند.

شوخی‌ها و جوک‌ها از هر طرف به گوش می‌رسیدند. خلبانان، با روحیه‌ای شوخ حتی در این لحظات حساس از فرصت برای سربه‌سر گذاشتن یکدیگر غافل نمی‌شدند. این پانزده دقیقه‌ی کوتاه تا رسیدن به آشیانه‌ها، فرصتی بود برای تخلیه‌ی تنش‌ها و نگرانی‌ها، انگار نه انگار که قرار بود ساعتی بعد با دشمنی مواجه شوند که تماماً آماده بود تا هر یک از آنها را به آن دیار روانه کند.

اتوبوس به آشیانه‌های شماره ۳، که خود از چهار آشیانه دیگر تشکیل می‌شد، رسید و توقف کرد. من و خلبانان چهار فروند اول از اتوبوس پیاده شدیم. چهار فروند فانتوم با ابهتی خاص در نور کم و ضعیف آشیانه‌ها به چشم می‌آمدند، و انگار که به انتظار ما نشسته بودند. برای لحظه‌ای، با نگاهی به این هواپیماهای عظیم، این فکر به ذهنم خطور کرد که فانتوم‌ها شاید یکی از زیباترین هواپیماهایی هستند که جهان به خود دیده است.

من و پرویز، پس از خداحافظی با دیگر خلبانان، به سمت فانتوم خود حرکت کردیم. مکانسین‌های هواپیما با چهره‌هایی آرام و مطمئن به ما صبح بخیر گفتند. دستم را به سمت سرمکانسین دراز کردم و پس از یک دست دادن گرم و کوتاه، او فرم بازرسی هواپیما را به من تحویل داد. لحظه‌ای –

ایستادم، و در سکوتی سنگین، نگاهی به فانتوم عظیم و آماده‌مان انداختم؛ پرنده‌ای فولادین که قرار بود ما را به قلب مأموریت ببرد. افکارم سخت درگیر مسئولیت سنگینی بود که به‌عهده داشتم.

هواپیما از هر نظر آماده بود؛ جز یک مسئله کوچک اما مهم، که از زمان تعویض برخی قطعات صندلی نجات گذشته بود. هواپیماهای مدرن، از جمله فانتوم‌ها، ابزارهای پیچیده‌ای هستند که نگهداری آنها نیازمند دقتی فوق‌العاده و پیروی از دستورالعمل‌های مشخص است. برخی قطعات، به‌ویژه قطعات حیاتی مانند صندلی نجات، عمر مفید محدودی دارند و پس از رسیدن به انتهای آن باید تعویض شوند. این فرآیند تضمین می‌کند که هنگام بروز هرگونه اضطرار، صندلی نجات و چترها به درستی عمل کنند.

اما ما در شرایط خاصی قرار داشتیم. مسئله گروگانگیری در سفارت آمریکا و تحریم‌های اقتصادی و تسلیحاتی ایران، جریان تأمین قطعات حیاتی هواپیماهای نیروی هوایی را به‌کلی متوقف کرده بود. بیشتر هواپیماهای ما، که ساخت آمریکا بودند، به قطعاتی نیاز داشتند که دیگر به دستمان نمی‌رسید. بر اساس قوانین امنیت پرواز، هواپیمایی که از زمان تعویض قطعات صندلی نجاتش گذشته باشد، مجاز به پرواز نیست. زیرا اگر در جریان پرواز، آتش‌سوزی یا شرایط اضطراری دیگری پیش بیاید، و خلبان بخواهد هواپیما را ترک کند، ممکن است صندلی نجات درست عمل نکند، یا چتر به‌درستی باز نشده و باعث مرگ خلبان شود. اما ما، خلبانان این جنگ، این ریسک خطرناک را آگاهانه پذیرفته بودیم؛ چون چیزی مهم‌تر از جان ما وجود داشت: دفاع از وطن و مردمی که به ما دل بسته بودند.

بازدید دقیقی از بال‌ها، بدنه، و تجهیزات هواپیما، از جمله مهمات آن انجام دادم. وقتی مطمئن شدم که همه چیز به‌جز صندلی نجات در شرایط ایده‌آل است، فرم هواپیما را امضا کردم. سپس، از پلکان هواپیما بالا رفتم. پس از بازرسی صندلی نجات، نگاهی به پرویز انداختم؛ او تمام اتصالات صندلی و چتر نجات خود را بسته و آماده بود. نگاه‌های ما در آن لحظه به هم گره خورد، هر دو آماده بودیم تا با شجاعت و تمام توان، وارد نبردی شویم که سرنوشت وطن‌مان را رقم می‌زد.

کلاه پروازم را بر روی انحنای شیشه‌های ضخیم جلوی کابین قرار دادم و به آرامی روی صندلی نجات نشستم و شروع به بستن تسمه‌ها کردم؛ ابتدا تسمه‌های مچ و زانوهای هر دو پا را به صندلی وصل کردم. سپس، قلاب‌های کمک‌های اولیه را که جزئی از صندلی نجات محسوب میشود، به پائین جلیقه‌ام قفل کردم. بعد از آن، کمربند صندلی را از دو طرف کشیده و به هم قفل کردم. مکانسین هواپیما در بستن قلاب‌های چتر نجات به بالای جلیقه‌ام کمک کرد تا همه چیز درست و ایمن باشد. نوبت به شیلنگ اکسیژن، کابل میکروفون و گوشی رادیو، و شیلنگ هوای ضد فشار رسید که با دقت آن‌ها را در جاهای مربوطه وصل کردم. این کارها، با تمام پیچیدگی‌شان، بیشتر از بیست ثانیه طول نکشید.

در این لحظه با پرویز تماس گرفتم. صدای یکدیگر را کاملاً واضح و بدون هیچ اشکالی می‌شنیدیم. این ارتباط حیاتی بود، زیرا در مأموریت‌های حساس، کوچک‌ترین اختلال در صدا می‌توانست عواقب جبران‌ناپذیری داشته باشد.

مکانسین نردبان را از بدنه هواپیما جدا کرد و در سمت راست دماغه، منتظر علامت من برای روشن کردن موتورها ایستاد. با دقت تجهیزات داخل کابین را بررسی کردم. سپس با تکان دادن دو انگشت دست راست، به مکانسین علامت دادم تا با ژنراتور کمپرسوری که به هواپیما وصل شده بود، هوای فشرده را به سمت موتور شماره دو هدایت کند. موتور سمت راست زوزه بلندی کشید و روشن شد. کمی بعد، موتور چپ را نیز استارت زدم؛ هر دو موتور با صدایی منظم و اطمینان بخش کار می‌کردند.

پس از انجام بازدیدهای نهایی، از پرویز پرسیدم که آیا آماده است. او تأیید کرد و آمادگی کامل خود را اعلام نمود. در ادامه، از طریق فرکانس داخلی با سایر خلبانان تماس گرفتم تا اطمینان حاصل کنم که رادیو و سایر سیستم‌های همه هواپیماها به‌درستی کار می‌کنند. هر خلبان با گفتن شماره‌اش، آمادگی خود را اعلام کرد.

در آخرین مرحله، به مکانسین هواپیما علامت دادم تا چوب‌های جلوی چرخ‌ها را بردارد. با راهنمائی مکانسین هواپیما به آرامی از آشیانه خارج شدم. در این زمان شبح بقیه هواپیماها را میدیدم که به ترتیب از آشیانه‌های خویش خارج میشدند و ما آماده پروازی می‌شدیم که هر لحظه آن پر از تصمیمات سرنوشت‌ساز بود.

هوا هنوز در تاریکی فرو رفته بود. برای جلوگیری از جلب توجه، چراغ‌های خارجی هواپیماها را خاموش نگه داشتیم تا از دید جاسوسان احتمالی دشمن پنهان بمانیم. در اطراف، شبح هواپیماهای دیگر را می‌دیدم که همچون عقاب‌هایی سهمگین، آرام و باوقار از آشیانه‌های خود بیرون می‌آمدند و منظره‌ای پرابهت و تماشایی را به نمایش می‌گذاشتند. هواپیماها با ابهتی خاص به سوی باندهای پروازی پیش می‌رفتند.

در این سکوت رادیویی کامل، اولین دوازده فروند، به رهبری سرگرد خلبان سعید فریدونی، برای بمباران پایگاه الحبانیه عراق از زمین برخاستند. دوازده فروند دوم، به رهبری سرگرد خلبان شادروان محمود اسکندری، روانه بمباران پایگاه هوایی الرشید شدند. صدای غرش موتورهای پر قدرت فانتومها در هوای گرگ و میش صبحگاه زمین را بلرزه در آورده بود.

پس از پرواز دوازده فروند دوم، نوبت به ما رسید. من و سه فروند دیگر به‌طور هماهنگ وارد باند پروازی شدیم. پرویز، به‌دقت و طبق پروتکل، آخرین بازدیدها را یک به یک بمن یادآوری میکرد. صدای آرام و مطمئن او در گوشم می‌پیچید و آرامش خاصی به من می‌داد. ثانیه شمار هواپیما به‌سرعت به زمان پرواز نزدیک می‌شد، و شور و هیجان بمباران پایگاه‌های دشمن در قلب ما زبانه می‌کشید.

پاهایم را از روی ترمزهای هواپیما برداشتم و همزمان هر دو موتور را ابتدا به صد در صد توان، و سپس به پس‌سوز افزایش دادم. هواپیما با غرش سهمگین و قدرتی بی‌مانند، همچون تیری که از کمان رها شده باشد، با سرعت به حرکت درآمد.

پرویز شروع کرد به اعلام سرعت. "۹۰ نات، ۱۰۰ نات، ۱۶۰ نات، ۱۷۰ نات" صدای او لحظه به لحظه اوج گرفتن را به گوشم می‌رساند. وقتی سرعت به حد کافی رسید، به‌آرامی دسته فرامین را کمی به عقب کشیدم. با وجود اینکه هواپیما اندکی بیشتر از حداکثر وزن مجاز برای بلند شدن مجهز شده بود، با تأنی و وقاری خاص از روی باند بلند شد. لحظه‌ای که چرخ‌ها از زمین جدا شدند، حسی از آزادی و قدرت درونم موج میزد. ما در آسمان بودیم؛ جایی که هر لحظه از این سفر، ما را به سوی سرنوشت و وظیفه‌ای که در برابر میهن داشتیم نزدیک‌تر می‌کرد.

پرویز به من اطلاع داد که سه فروند دیگر به پرواز درآمده‌اند و چهار فروند دوم نیز در حال خزش روی باند هستند. زمانی که چهار فروند سوم به هوا برخاست، لیدر آن دسته با اعلام رمزی کوتاه مرا از این موضوع باخبر کرد.

در همین لحظات، همسرم هما به همراه فرزندانمان، پرند و پورنگ، و احمد، شوهر خواهرم، پایگاه را به مقصد رشت ترک میکردند.

در این زمان، تعدادی از هواپیماهای اف-۱۴ با پشتیبانی هواپیماهای سوخت‌رسان، وظیفه پوشش منطقه هوایی بین همدان تا کرمانشاه را بر عهده داشتند. مأموریت این هواپیماها این بود که با کمک رادارهای زمینی، حملات هوایی دشمن را خنثی کنند.

با اینکه هر دوازده فروند ما روی فرکانس داخلی خودمان بودیم، من بارها از پرویز می‌خواستم که فرکانس رادار سوباشی همدان را انتخاب کند تا از اوضاع منطقه آگاه شوم. در همین حین، که از چند مایلی شهر کرمانشاه عبور می‌کردیم، شنیدم که هواپیماهای دشمن به کرمانشاه حمله کرده‌اند. محل اصابت بمب‌ها که خارج از شهر کرمانشاه فرود می‌آمدند را می‌دیدم، اما خود هواپیماهای دشمن قابل رؤیت نبودند.

درست در همین لحظه، صدای خلبان یک هواپیمای اف-۱۴ را شنیدم که به رادار سوباشی اعلام میکرد دشمن را مشاهده کرده و در حال شیرجه به سمت آنان است.

به پرویز گفتم: "نکنه هواپیماهای ما رو میگه؟" همزمان هواپیما را اندکی به راست کج کرده و هر دو سریعاً به عقب و به بالا نگاه می‌کنیم. در آن لحظه حساس، یک فروند هواپیمای اف-۱٤ را دیدیم که با سرعت و زاویه‌ای تند به سمت دسته پروازی سوم ما شیرجه می‌رفت. ضربان قلبم بالا رفت؛ بلافاصله و با شتاب هر چه بیشتر دکمه رادیو را فشار داده و با تحکم به او هشدار دادم: "آقای اف-۱٤، هواپیماهائی که براشون شیرجه کردی، اف-٤های خودی هستند، مواظب باش اشتباه نکنی[1]" لحظه‌ای که پیامم تمام شد، نفس را در سینه حبس کرده و به حرکات اف-۱٤ چشم دوختم. خیالم راحت شد وقتی دیدم که او سریعاً هواپیمایش را از شیرجه خارج کرد و به سمت منطقه ایستایی خود برمیگردد. نفس راحتی کشیدم. این بار دیگر جان خلبانان دسته سوم در خطر نبود. به پرویز گفتم: "پرویز، لطفا برگرد به فرکانس خودمون."

مسیر پرواز ما پس از کرمانشاه از چند مایلی شهر ایلام عبور می‌کرد. با اینکه ما در برد توپ‌های ضد هوایی ایلام نبودیم، ناهماهنگی‌های معمول در عملیات باعث شد ما را به اشتباه دشمن فرض کنند و با هر وسیله ای که داشتند بطرف ما آتش گشودند. برای دوری از پدافند دشمن، دو سه فروند از هواپیماها ارتفاع خود را افزایش دادند، اما این اقدام ما را در معرض دید دشمن قرار می‌داد. بلافاصله با صدایی جدی و محکم از طریق رادیو گفتم: "بیاین پایین!"

چند مایلی که از ایلام دور شدیم، به ارتفاع پست فرود آمدیم و مستقیم به سمت آخرین نقطه شناسایی خود پرواز کردیم. طبق قراری که من و شادروان قهستانی از قبل گذاشته بودیم، او با همان چهار فروند از هواپیماهای خود مستقیم به سمت هدف گردش کرد. اما من چند ثانیه‌ای صبر کردم؛ لحظاتی بود که بایستی تمرکز نموده و آرامش را حفظ می‌کردم. سپس با حرکتی حساب‌شده و دقیق به سمت پایگاه هوایی الکوت گشتم و همزمان آخرین کلیدی که هواپیما را مسلح و آماده رها کردن مهمات می‌کرد، در جای خود قرار دادم.

در نزدیکی پایگاه، هر دو موتور را در پس‌سوز قرار دادم و به سرعت اوج —

---

۱) توضیح انکه از فاصله دوراغلب جنگنده ها شبیه هم هستند، واگر خلبان خوب دقت نکند ممکنست که دوست را با دشمن اشتباه نموده و او را مورد هدف قرار دهد.

گرفتم. همان‌طور که ارتفاعم از ۵۰۰۰ پا گذر می‌کرد، ناگهان یک هواپیمای جنگنده‌ی دشمن، از نوع سوخو را دیدم که با فاصله کمی از بالای سر من عبور کرد و جلو افتاد. این لحظه شبیه به یک شکار ایده‌آل بود؛ بقول خلبانان؛ آن هواپیما شده بود عین یک "هلو". خلبان دشمن هیچ‌کدام از ما را ندیده بود و به‌آرامی و بدون تغییر مسیر، مستقیم به پروازش ادامه می‌داد.

کافی بود از اوج‌گیری دست بکشم و او را با مسلسل هواپیما هدف قرار دهم. اما مأموریت من بمباران بود و نباید نظم دسته پروازی را بر هم می‌زدم، به‌ویژه که هفت فروند دیگر پشت سر من پرواز می‌کردند.

هواپیما را در حالت شیرجه قرار دادم و مشغول هدف‌گیری شدم. در آن لحظات، ترکش‌های بمب‌های دسته سوم را که پیش‌تر رها شده بودند می‌دیدم، و در عین حال تیراندازی پدافند دشمن از هر سو به چشم میخورد.

حس قرار گرفتن در وسط یک آتش‌بازی پرشکوه را داشتم؛ اما این آتش‌بازی متفاوت بود. به جای ترقه‌ها و نورهای رنگارنگ، گلوله‌های توپ‌های ضد هوایی دشمن بودند که از چند متری‌ام رد می‌شدند، و هر کدام از این گلوله‌ها می‌توانست هر کدام از ما را به آسانی به دیار دیگری بفرستد.

کابین عقبم، با صدای حساب‌شده و آرام شروع به شمارش معکوس ارتفاع کرد: "۱۴۰۰۰، ۱۳۰۰۰...". ما باید بمب‌های خود را در ارتفاع حدود ۷۰۰۰ پا رها می‌کردیم و هواپیما را در ۵۰۰۰ پا از شیرجه خارج می‌کردیم.

اما درست در همان لحظه‌ای که در ارتفاع ۷۰۰۰ پا دکمه رهاسازی بمب را فشار دادم، هیچ اتفاقی نیفتاد. بمب‌ها رها نشدند. بار دیگر با شتاب دکمه را فشار دادم، اما باز هم بی‌فایده بود.

فرصتی برای جستجوی علت این مشکل نبود. من باید سریعاً تصمیم می‌گرفتم. هواپیما را از شیرجه خارج کردم و حالا بر بالای شهر کوت بودم.

خشم در آن لحظه بر من غالب شد، اما خیلی زود تمرکز خود را باز –

یافتم. هنوز امید داشتم که در مسیر بازگشت بتوانم هدفی مناسب برای بمب‌های خود پیدا کنم، و همین‌طور هم شد. در مسیر مراجعت، فرصتی پیش آمد که بتوانم مأموریت را به بهترین شکل ممکن به پایان برسانم.

در مسیر مراجعت، چیزی دیدم که انگار خدا رسانده بود. صدها تانک و سایر خودروهای دشمن، در جاده‌ای در حوالی مرز به خط شده بودند؛ گویی که داشتند رژه می‌رفتند؛ به قدری نزدیک به هم که انگار هر یک بخشی از یک زنجیر پیوسته بودند. فرصت طلایی بود که نباید از دست می‌رفت. بدون لحظه‌ای درنگ، دکمه بمب را خاموش و روشن کردم. سپس مقداری ارتفاع گرفتم و به سمت ستون دشمن شیرجه زدم. این بار وقتی دکمه رهاسازی بمب‌ها را فشار دادم، همه بمب‌ها آزاد شدند و با قدرت به سمت هدف روانه گشتند.

پس از رهاسازی بمب‌ها، هنوز کار من تمام نشده بود. در دو عبور دیگر، تمامی ۶۳۵ تیرگلوله‌ی مسلسل دماغ هواپیما را هم بر روی ستون دشمن خالی کردم. منظره‌ای که پیش رویم اتفاق افتاد، تماشائی بود. سربازان دشمن، از خودروهایی که واژگون گشته، و در شعله‌های آتش می‌سوختند، به هر طرف فرار می‌کردند. این صحنه شبیه تماشای نمایشی آتشین در میانه‌ی میدان جنگ بود.

با رضایت از اینکه دست خالی برنمی‌گردم، هواپیما را به سرعت به ارتفاع بالا بردم. موفقیت مأموریت و اطمینان از ضربه‌ای که به دشمن وارد کرده بودیم، حسی از غرور در من ایجاد کرد.

همگی در نقطه‌ای که تعیین کرده بودم به من ملحق شدند؛ همه به جز شماره دوی خودم، ستوانیکم خلبان شادروان جلال قاضی. چندین بار با نگرانی او را صدا زدم، اما هیچ پاسخی دریافت نکردم. در دل احساس سنگینی کردم؛ نگرانی اینکه ممکن است جلال در خاک دشمن هدف قرار گرفته و سقوط کرده باشد، ذهنم را مشغول کرده بود. اما تلاش کردم خود را آرام کنم و با خود گفتم: اگر سقوط کرده بود، باید صدای دستگاه فرستنده اضطراری –

او را می‌شنیدم؛ آن صدای خاص و تکراری که شبیه به آژیر آمبولانس است. اما خبری از آن نبود، و این تنها امیدم بود.

در همین لحظه، شماره ۳ من، کریمی‌نیا، از طریق رادیو به من اطلاع داد که به دلیل صدمات وارده و کمبود بنزین، مجبور است در باند شاه‌آباد غرب فرود بیاید. منطق حکم می‌کرد که کرمانشاه گزینه بهتری برای فرود باشد، اما از آنجا که دشمن کرمانشاه را بمباران کرده بود، تصمیمش کاملاً درست به نظر می‌رسید.

همه ما تقریباً ۵۰۰۰ پوند سوخت در مخازن خود داشتیم. با این حال، به دلیل اینکه حدود ۲۴ فروند هواپیمای جلویی باید پیش از ما فرود می‌آمدند، تصمیم گرفتیم برای صرفه‌جویی در مصرف سوخت به ارتفاع ۳۰٬۰۰۰ پا اوج بگیریم. در آن ارتفاع، فشار و غلظت هوا کمتر بود و مصرف سوخت کاهش می‌یافت، که برای شرایط پیش رو، تصمیمی حساب‌شده بود.

در همین زمان از برج کنترل پایگاه شاهرخی شنیدم که اعلام می‌کرد هواپیماهای دشمن به پایگاه حمله کرده‌اند. ناخودآگاه به پایین نگاه کردم و محل اصابت بمب‌های دشمن را دیدم که در اطراف باند اضطراری[1] ما فرود می‌آمدند. خاک و دود محل اصابت بمب‌ها را می‌دیدم، ولی خود هواپیماها دیده نمیشدند.

احتمالاً خلبانان دشمن تصور کرده بودند که هواپیماهای ما، که در حال فرود بودند، برای رهگیری و انهدام آنها به هوا بلند شده‌اند. همین تصور باعث شد که با عجله بمب‌های خود را در اطراف باند اضطراری ما رها کنند و به سرعت منطقه را ترک نمایند.

اولین دسته‌ای که به پایگاه نزدیک می‌شد تا فرود بیاید، دسته‌ای به رهبری سرگرد خلبان سعید فریدونی بود. آنها برای بمباران پایگاه هوایی حبانیه رفته بودند که از پایگاه‌های الکوت و الرشید بسیار دورتر بود، و سوخت کمتری داشتند.

در همین زمان، از برج کنترل به شادروان سروان خلبان عشقی‌پور که —

---

۱)   توضیح اینکه در قدیم، جاده پایگاه به رادار سوباشی را باندازه یک باند پهن کرده و باند اضطراری خوانده میشد. یاد ندارم که موردی پیش آمده و هواپیمائی آنجا نشسته باشد.

در ضلع آخر برای فرود آماده می‌شد، دستور انصراف از نشستن داده شد. اندکی بعد، با چشمان خودم دیدم که هواپیمای او به ساختمان‌های نیمه‌کاره شمال پایگاه برخورد کرد؛ گویی بنزین هواپیمایش به پایان رسیده بود.

با وجود سقوط شادروان عشقی‌پور، نظم فرود هواپیماها هیچ‌گونه اختلالی پیدا نکرد. خلبانان با خونسردی و تمرکز کامل، حتی در شرایطی که یکی از دوستانشان را از دست داده بودند، دستورات و نظم پروازی را مو به مو اجرا می‌کردند.

همین‌طور که هواپیماها یکی پس از دیگری فرود می‌آمدند، ناگهان صدای جلال قاضی را شنیدم؛ صدایی که مدت‌ها نگرانش بودم. او به دلیل کمبود بنزین به برج کنترل وضعیت اضطراری اعلام می‌کرد. با شنیدن صدایش نفس راحتی کشیدم؛ خوشحال بودم که اتفاق ناگواری برای او و کابین عقبش نیفتاده است. با این حال، تعجب کردم، چون ما هنوز حدود ٤٠٠٠ پوند بنزین داشتیم. بعدا که علت را از او پرسیدم، گفت که باک وسط هواپیمایش سوخت نمی‌داد و او برای اینکه سکوت رادیویی را رعایت کرده باشد، چیزی بمن نگفته. هنگام مراجعت هم یکی دوبارمرا صدا زده، اما من در میان آنهمه مکالمات رادیوئی زمان فرود، صدای او را نشنیدم.

بالاخره نوبت به فرود ما رسید.

چرخ‌ها را باز کرده و هواپیما را به نرمی روی باند فرود می‌آورم. آرام به پرویز می‌گویم: "بالاخره سالم نشستیم." او هم پاسخ می‌دهد: "هواپیما رو نرم نشوندی".

هواپیما را به آشیانه می‌برم و موتورها را خاموش می‌کنم. کاناپی هواپیما را باز می‌کنم. وقتی کلاه پرواز را از سرم برمی‌دارم، نسیمی ملایم صورتم را نوازش می‌دهد. برای لحظه‌ای احساس آرامش عمیقی می‌کنم؛ انگار همه فشارها و تنش‌های پرواز با آن نسیم از بین رفته‌اند.

مکانسین هواپیما، پلکان را به بدنه وصل می‌کند و من و پرویز از هواپیما پایین می‌آییم. او با ما دست می‌دهد و همراه با سایر مکانسین‌ها ما –

را در آغوش می‌گیرند. همه خوشحال از بازگشت سالم ما.

به آن‌ها گفتم: "بچه‌ها دستتون درد نکنه. بجز بمب‌ها که در عبور اول رها نشدند، خود هواپیما هیچ اشکالی نداشت."

آن‌ها به ما اطلاع می‌دهند که بنزین هواپیمای شادروان عشقی‌پور درست قبل از فرود به پایان رسیده و هواپیمایش به آپارتمان‌های نیمه‌تمام برخورد کرده و هر دو خلبان جان باخته‌اند.

با اندوه از دست دادن دوستی به گردان نگهداری می‌روم و مشکل رها نشدن بمب‌ها را با متخصص اسلحه و مهمات مطرح می‌کنم و آن را در فرم هواپیما نیز ثبت مینمایم.

سپس برای پیگیری وضعیت خلبانان شماره سه خود به پست فرماندهی می‌روم. خوشبختانه متوجه می‌شوم که هر دو خلبان در باند شاه‌آباد غرب فرود آمده‌اند و در سلامت کامل هستند.

شنیدنی هست که خلبان دیگری نیز بنام سروان شاهرخ پوربیات از یک گروه دوازده فروندی دیگر، به دلیل کمبود بنزین مجبور شد در همان باند شاه‌آباد غرب فرود بیاید. او هواپیمای خود را در نزدیکی هواپیمای کریمی‌نیا که پیش از او فرود آمده بود، پارک میکند.

شاهرخ بعدها برایم تعریف کرد: "من و حسین، همراه با خلبانان کابین عقبمان، بیرون از باند روی زمین نشسته و منتظر رسیدن کمک بودیم. ناگهان سر و کله دو فروند میگ ۲۳ عراقی پیدا شد. آن اطراف هیچ پدافند ضد هوایی وجود نداشت، و هواپیماهای ما، مثل دو بره، کنار هم پارک شده بودند. دو میگ عراقی دوری زدند و هر کدام دو بمب برای نابود کردن هواپیماها رها کردند، اما خوشبختانه هر چهار بمب با فاصله زیادی به خارج از باند اصابت کردند. آنها دوباره دور زدند، و این‌بار با مسلسل‌هایشان هواپیماهای ما را هدف گرفتند. از میان آن‌همه گلوله‌هایی که شلیک کردند، تنها یک تیر به دم یکی از هواپیماها برخورد کرد."

پایگاه ما بلافاصله تیمی از گردان نگهداری را به شاه‌آباد غرب اعزام کرد. آن‌ها هواپیماها را تعمیر کردند و کریمی‌نیا و پوربیات، به همراه کابین عقب‌هایشان، فردای همان‌روز به پایگاه شاهرخی بازگشتند.

*****

جنگ هواپیما با تانک

این روزها همه جا صحبت از پیشرفت سریع نیروی زمینی عراق به داخل خاک ایران است. فرمانده پایگاه می‌گوید که از بالا دستور داده‌اند پنجاه درصد از جنگنده بمب‌افکن‌های نیروی هوایی برای پشتیبانی نیروهای زمینی اختصاص داده شوند.

اولین پرواز من به منظور پشتیبانی از نیروهای زمینی، همان بعدازظهر انجام شد. در این مأموریت، من لیدر دو فروند فانتوم بودم و هر هواپیما به چهارتیر موشک ماوریک مجهز شده بود.

راس ساعت ۳ بعد از ظهر پرواز کردیم. در حدود پانزده مایلی شرق شهرستان گیلان‌غرب، با افسر ناظر مقدم هوایی تماس گرفتم تا موقعیت دقیق تانک‌های دشمن را از او بپرسم. او که به نظر می‌رسید خود در سنگری پناه گرفته بود، تانک‌ها را نمی‌دید، اما گزارش داد که آن‌ها در شرق پاسگاه مرزی سنگر گرفته و آنها را زیر آتش توپخانه گرفته‌اند.

به سرعت به ارتفاع بالاتر اوج گرفتم و پس از اندکی جستجو، پاسگاه را پیدا کردم. در فاصله‌ای حدود پنج مایلی، یکی از تانک‌ها را از گرد و خاکی که به دلیل شلیک توپش به هوا برخاسته بود، تشخیص دادم. به شماره دوی خودم موقعیت تانک را اطلاع دادم و گفتم: "بقیه هم باید همان حوالی باشند."

با سرعت به سمت تانک شیرجه زدم و دستگاه نشانه‌روی را روی آن قرار دادم. پرویز، کابین عقب من، دوربین موشک را بر روی تانک ثابت کرد و من دکمه پرتاب موشک را فشار دادم.

موشک به آرامی از ریل جدا شد و با سرعتی زیاد به سوی تانک روانه گشت. لحظاتی بعد، تانک در میان آتش و دود غرق شد.

برای اجتناب از آتش پدافند دشمن، سریعاً هواپیما را چندین بار به چپ و راست گرداندم و دوباره به ارتفاع بالا اوج گرفتم. در حین اوج‌گیری، –

دیدم که موشک هواپیمای شماره دو نیز به تانک دیگری اصابت کرده و در آتش میسوزد.

دستگاه هشداردهنده هواپیما با صدای ممتد اعلام می‌کرد که توپ‌های هدایت‌شونده، یا موشکهای ضد هوایی دشمن در حال شلیک به سمت ما هستند. خوشبختانه تانک‌های دشمن در حال پیشروی بودند و در داخل سنگر مخفی نشده بودند، به همین دلیل به‌خوبی دیده می‌شدند. این موضوع به من و شماره دو فرصت داد تا شش فروند از آن‌ها را منهدم کنیم. با وجود اینکه هر کدام از ما هنوز یک موشک دیگر در اختیار داشتیم، شدت آتش پدافند دشمن بحدی زیاد بود که ماندن بیشتر در آن منطقه را صلاح ندانستم، و به شماره دو دستور مراجعت دادم.

پس از فرود در پایگاه شاهرخی و بازرسی هواپیمایم، متوجه شدم که زیر بخش خارجی بال راست هواپیما، سوراخی به قطر ۵ سانتی‌متر ایجاد شده که ناشی از اصابت گلوله‌های ضد هوایی دشمن بود. خلبان شماره دو هم به من اطلاع داد که یک سوراخ بر روی سکان عمودی هواپیمایش دیده است.

شانس آوردیم که گلوله‌ها به بخش حساسی از هواپیما، مانند باک بنزین، اصابت نکرده بودند.

فقط یک روز از آغاز جنگ گذشته است، اما خبرهای ناامیدکننده از همه جا می‌رسد.

نیروی زمینی دشمن با سرعت شهرستان‌ها و روستاهای مرزی را اشغال کرده و آن‌ها را با خاک یکسان می‌کنند. زنان، کودکان و سالخوردگان در حال فرار را دستگیر کرده و به عنوان اسیر جنگی به داخل خاک عراق منتقل می‌نمایند. سربازان عراقی دست به تجاوز وحشیانه به زنان، دختران، و پرستاران و بهیاران درمانگاه‌ها می‌زنند. این اعمال بی‌رحمانه و غیرانسانی در تاریخ کمتر دیده شده است.

- ماموریت فردای من، حمله به تانک‌های دشمن در پنج مایلی جنوب

شهرستان قصر شیرین است. این عملیات هم قرار است در یک دسته دو فروندی انجام شود. افسر ناظر مقدم هوایی، که در خط مقدم جبهه سرپل ذهاب مستقر است، باید موقعیت دقیق تانک‌ها را نسبت به نقطه‌ای در قصر شیرین به من گزارش دهد.

هواپیماهای ما هر کدام مجهز به شش بمب ٥٠٠ پوندی بودند. در ارتفاع پست و با سرعت زیاد به سمت قصر شیرین پرواز کردیم. با وجود اینکه دید بسیار خوب بود، اما هیچ اثری از شهر دیده نمی‌شد. نگاهی به نشانگر سمت و مسافت انداختم؛ نشانگر مسافت عدد صفر را نشان می‌داد، به این معنی که دقیقاً بر فراز قصر شیرین بودیم.

به ستوانیکم بهمن سلیمانی، خلبان کابین عقبم، گفتم: "شاید دستگاه ناوبری ما اشتباه می‌کنه." و همزمان کنجکاوانه یک دور کامل در آسمان زدم و با دقت به اطراف نگاه کردم.

خدای من، آنچه می‌دیدم باورکردنی نبود؛ بقایای شهری را می‌دیدم که گویی زلزله‌ای شدید آن را با خاک یکسان کرده باشد. عراقی‌ها تمام شهر قصر شیرین را با بولدوزر هموار کرده بودند. تنها چیزی که به‌جا مانده بود، یک مسجد با گنبد سبز در مرکز شهر بود که آن هم بر اثر اصابت خمپاره‌های دشمن سوراخ سوراخ شده بود.

منتظر بودم که بهمن، که خودش اهل قصر شیرین بود، با دیدن زادگاهش که به این شکل ویران شده، عصبانی شود و ناسزائی بگوید. اما او کلمه‌ای خارج از نزاکت نگفت. در عوض، مودبانه به من یادآوری کرد که او زمان را گرفته و دستگاه ناوبری ما درست کار می‌کند؛ آن خرابه‌هایی که می‌بینیم، همان قصر شیرین است.

با شماره دوی خود به سمت مرکز تجمع تانک‌های دشمن تغییر مسیر دادیم. پس از پرتاب بمب‌ها، تمامی ٦٣٥ تیرگلوله مسلسل‌های هواپیما را نیز بر روی خودروهای دشمن که در منطقه دیده می‌شدند، خالی کردیم.

بعلت پیشرفت سریع نیروی زمینی عراق در خاک ما، به جز تعداد –

جلیل پوررضائی

محدودی حملات برون مرزی، اکثر هواپیماها به پشتیبانی از نیروهای زمینی ما اختصاص می‌یابد.

کار ما به جنگ با تانک‌های دشمن تبدیل شده بود. تانک‌هایی که به دقت استتار کرده بودند و به زحمت توسط هواپیماها دیده می‌شدند، در حالی که هواپیماهای ما در آسمان به‌راحتی توسط پدافند دشمن مشاهده و هدف انبوه گلوله‌های توپها و موشک‌های پدافند عراقی‌ها قرار می‌گرفتند.

با وجود همه تلفات، حملات نیروی هوایی ما به نیروی زمینی عراق نقش حیاتی در کند کردن پیشروی آن‌ها داشت. هرگاه نیروی زمینی عراق زیر حملات هوایی ما قرار می‌گرفت، مجبور می‌شد متوقف شود و به داخل سنگرها پناه ببرد و برای دفاع هوایی آماده شود، و در انتظار موج بعدی حمله باشد.

نیروی هوایی ما با کند کردن پیشروی عراقی‌ها، به نیروهای زمینی فرصت داد تا بخود سازمان دهند و مانع از پیشروی بیشتر آن‌ها شوند.

اگر رشادت و ازخودگذشتگی خلبانان نیروی هوایی نبود، شاید روند جنگ به شکلی دیگر رقم می‌خورد. خلبانان ما با نثار جان خود، خاک‌های غرب وطن را از اشغال بیشتر نجات دادند.

عراقی‌ها در مناطق قصر شیرین، گیلان غرب، جنوب غربی دزفول و اهواز متوقف شدند و نتوانستند به آبادان دست یابند. اما این موفقیت‌ها با از دست دادن بهترین خلبانان و تعداد قابل توجهی از هواپیماهای نیروی هوایی به دست آمد.

حال، یک ماه از آغاز حملات زمینی و هوایی دشمن گذشته و برخلاف پیش‌بینی‌ها که می‌گفتند جنگ ظرف یک هفته به پایان می‌رسد، همچنان ادامه دارد و پایانی برای آن در افق دیده نمی‌شود.

همسرم هما، بچه‌هایمان پرند و پورنگ را نزد بستگانش در رشت رها کرده و خودش به شاهرخی بازگشته است تا کنار من باشد.

پس از حدود یک ماه از شروع جنگ، هر دو کشور ایران و عراق بیشتر نیروهای خود را به انهدام منابع اقتصادی یکدیگر اختصاص داده بودند. در نتیجه، دستور داده شد که خانواده‌های پرسنل در صورت تمایل می‌توانند به پایگاه‌ها بازگردند.

دو یا سه روز بعد از بازگشت هما به شاهرخی، درد شدیدی در ناحیه آپاندیس خود احساس کردم که با بالا رفتن دمای بدنم همراه بود.

به سرگرد دکتر سید مهدی، رئیس بیمارستان پایگاه که هم جراح و هم پزشک هوایی بود، زنگ زدم و وضعیت خودم را شرح دادم، و از او درخواست دارویی کردم تا دردم را کاهش دهد. اما او مرا از مصرف هر دارویی بدون تشخیص دقیق منع کرد و گفت که در راه بیمارستان است، و سر راه مرا با خود به آنجا خواهد برد.

به بیمارستان که رسیدیم، پس از انجام چند آزمایش، دکتر به من گفت که آپاندیسم عفونی شده و نیاز به عمل فوری دارد. در دلم گفتم: "خدایا، این دیگر چه مصیبتی است!" راستش، از عمل جراحی وحشت داشتم و سعی کردم به نحوی از زیر آن طفره بروم. اما او نتیجه آزمایشاتم را نشان داد؛ میزان گلوبول‌های سفید خونم به شدت بالا رفته بود، که نشانه واضحی از عفونت در ناحیه آپاندیس بود.

در آن لحظه، به خودم لعنت فرستادم که اصلاً چرا به این دکتر تلفن زدم!

فکر اینکه من به عنوان فرمانده یک گردان در حال جنگ، نمی‌توانم پرواز کنم، ذهنم را به شدت آزار می‌داد.

دکتر سید مهدی همانشب عمل جراحی را بر روی آپاندیس من انجام داد، و فردایش بمن گفت که طبق قانون پزشکی هوائی بمدت سه ماه نمیتوانم پرواز کنم.

پس از جراحی، ده‌ها تن از خلبانان و پرسنل گردان نگهداری پایگاه –

به عیادتم آمدند و هرکدام به نوعی به من دلداری دادند، اما نگرانی از اینکه نتوانم وظایفم را انجام دهم، همچنان مرا رها نمی‌کرد.

درست یک ماه و بیست روز پس از عمل جراحی، به دکتر سید مهدی زنگ زدم و گفتم: "دکتر جان، من کاملاً خوب هستم و میتونم پرواز کنم." اما او دوباره شروع کرد به صحبت درباره اثرات بیهوشی در هنگام عمل جراحی، و توضیح داد که باید سه ماه از زمان بیهوشی بگذرد تا اجازه دهد که دوباره به پرواز برگردم. ولی من همچنان اصرار داشتم که پرواز مجدد من به بالا بردن روحیه خلبانان گردان کمک خواهد کرد.

بالاخره دکتر گفت:"اگر خودت کتبا از من درخواست کنی و فرمانده پایگاه هم موافقت کند، آنوقت می‌توانم اجازه پرواز بدهم." او شاید نمی‌دانست که طبق قوانین، پرواز مجدد من باید به تصویب فرمانده نیروی هوایی (معاونت عملیات) نیز برسد. این پروسه خیلی سریع انجام شد و به من اجازه پرواز مجدد داده شد.

❋❋❋❋❋

سقوط در خاک عراق

پنج شنبه ۱۳ آذر ۱۳۵۹

ساعت حدود ٤ بعدازظهر است و من به عنوان فرمانده گردان ۳۲ شکاری، همراه با سرهنگ دوم خلبان فرج‌الله برات‌پور، معاون عملیاتی، و سرهنگ خلبان قاسم گلچین، فرمانده پایگاه، در اتاق فرمان پست فرماندهی پایگاه هوایی شاهرخی حضور داریم.

در این لحظه یک فروند جت فالکن در پایگاه فرود می‌آید و دقایقی بعد، یک استوار یکم از دفتر ویژه با نامه‌ای سری از معاونت عملیاتی نیروی هوایی وارد پست فرماندهی می‌شود و آن را به فرمانده پایگاه تحویل می‌دهد.

سرهنگ گلچین نامه را باز می‌کند و پس از مرور متن، آن را به برات‌پور می‌دهد و می‌گوید: "مأموریت شناسایی مسلح راه‌آهنی در عراق است که باید فردا انجام شود."

برات‌پور بلافاصله یک برگهٔ مأموریت از کشوی میزش بیرون می‌آورد، آن را پر کرده و امضا می‌کند. سپس رو به من کرده و در حالی که برگه را روی میز کنار تلفن‌های مستقیم قرار می‌دهد، می‌گوید: "جلیل، این مأموریت مال شماست."

من برگه مأموریت را کلمه به کلمه مرور می‌کنم. در آن نوشته شده بود: "یک دسته دو فروندی فانتوم، هر یک مجهز به ۶ تیر بمب MK-82، باید قطار حامل مهمات را که از شهر توز خورماتو به مقصد پادگان التاجی در ۱۵ مایلی شمال بغداد حرکت می‌کند، منهدم نماید."

تاریخ اجرای مأموریت روز بعد بود، و آن روز جمعه.

با تعجب می‌بینم که زمان روی هدف در فرم خالی مانده است. فرم را به برات‌پور نشان داده و می‌پرسم: "زمان روی هدف چه موقع است؟"

فرج با خونسردی جواب می‌دهد: "نمی‌دانم."

با تعجب پرسیدم: "منظورت چیه که نمی‌دونی؟ اگه زمان روی هدف مشخص نشده، بگید قطار چه موقع ایستگاه رو ترک می‌کنه؟"

فرج سرش را تکان داد و دوباره تکرار کرد: "نمی‌دانم."

مصرانه ادامه دادم: "پس من چه زمانی پرواز کنم وقتی زمان روی هدف رو ندارم؟ یا حتی نمی‌دونم قطار کی از ایستگاه حرکت می‌کنه؟ اگر زمان حرکت قطار از ایستگاه رو پیدا کنید، می‌تونم در مسیرش به بغداد، محل اون رو محاسبه کنم و زمان پرواز رو به دست بیارم."

برات‌پور رو به فرمانده پایگاه، سرهنگ گلچین کرد و گفت: "جناب سرهنگ، نه زمان روی هدف در این دستور پروازی قید شده و نه زمان حرکت قطار".

گلچین پاسخ داد: "خوب، با پست فرماندهی نیرو تماس بگیرید و از اونها بپرسید."

در حین مکالمه برات‌پور با پست فرماندهی نیرو، متوجه شدم که آن‌ها هم از جزئیات این عملیات اطلاعی ندارند و دستور از ستاد مشترک مخابره شده است.

برات‌پور سپس با یک سرهنگ در ستاد مشترک تماس گرفت و جویای جزئیات شد، اما مجدداً مشخص شد که امریه از سوی وزارت دفاع صادر شده و آن‌ها هم از جزییات این مأموریت بی‌خبرند.

با خودم فکر کردم که این‌گونه عملیات‌ها در حیطهٔ اختیارات وزارت دفاع نیست. وظیفهٔ وزارت دفاع، تأمین بودجه و تجهیزات برای نیروهای مسلح است، نه دخالت در جزییات جنگی و عملیات‌های میدانی. این عدم هماهنگی و نبود اطلاعات حیاتی، می‌توانست عواقب خطرناکی داشته باشد.

احساس می‌کردم که یک جای کار اشکال دارد، یا در انتقال اطلاعات اشتباهی رخ داده است. بعدها متوجه شدم که شادروان سرگرد خلبان محمود اسکندری، یکی از هم‌دوره‌های من نیز مأموریت مشابهی در جنوب عراق دریافت کرده بود.

برات‌پور گفت: "در هر صورت، این مأموریت باید انجام بشه. به من بگو زمان پروازت رو برای چه ساعتی برنامه‌ریزی کنم."

در ذهنم به این فکر می‌کردم که هیچ‌کس نمی‌تواند این مأموریت را لغو کند، چون ممکن است به‌عنوان سرپیچی از فرمان یا عدم تمایل به جنگ تعبیر شود، و حداقل عواقبش می‌تواند از دست دادن شغل ما باشد.

روز بعد، جمعه، قرار بود همسرم غذای مورد علاقه‌ام، سبزی پلو با ماهی سفید، را آماده کند. همچنین ساعت ۲:۳۰ بعدازظهر دو تیم معروف ایران در فینال مسابقات فوتبال بازی می‌کردند. تنها چند ثانیه طول کشید تا به این نتیجه برسم که:

"ظهر زمان مناسبی برای انجام عملیات است. پدافند عراقی‌ها احتمالاً در حال تعویض شیفت برای ناهار و خواندن نماز خواهند بود. ما ساعت ۱۲:۰۰ پرواز می‌کنیم و حدود ۳۰ دقیقه بعد به هدف می‌رسیم. ۵ دقیقه برای شناسایی و بمباران صرف می‌شود و ۳۰ دقیقه دیگر برای بازگشت به پایگاه. حدود نیم ساعت هم صرف پارک کردن در آشیانه، پر کردن فرم‌های هواپیما و تکمیل گزارش مأموریت در پست فرماندهی خواهد شد. وقتی به خانه برسم، ساعت حدود ۲ بعدازظهر است و سبزی پلو با ماهی در انتظارم خواهد بود. پشت سر آن هم بازی فینال فوتبال. از این بهتر نمی‌شود."

از برات‌پور پرسیدم: "اشکالی نداره پرواز رو برای ساعت ۱۲:۰۰ برنامه‌ریزی کنیم؟"

برات‌پور و گلچین همزمان گفتند: "مشکلی نیست."

من ستوان یکم خلبان بهمن سلیمانی را به عنوان کابین عقبم و سروان –

بهرام فیروزی را همراه با ستوان یکم پرویز دهقان به عنوان شماره ۲ انتخاب کردم. در واقع بهمن و پرویز هر دو خلبان بودند، برخلاف کابین عقب‌های نیروی هوایی و دریایی آمریکا که اصولاً خلبان نبودند.

به دلیل ماجرای گروگانگیری در سفارت آمریکا و تحریم تسلیحاتی علیه ایران، نیروی هوایی ما دیگر قادر به دریافت قطعات یدکی و لوازم مورد نیاز هواپیماها نبود. به همین دلیل، تاریخ مصرف غذای جعبه‌های نجاتمان منقضی شده بود و به‌جای آن از مخلوط کشمش، پسته و گردو استفاده می‌کردیم.

❊❊❊❊❊

چهاردهم آذر ۱۳۵۹

ساعت ٦ بامداد است. پرند و پورنگ را که در خواب شیرینی فرو رفته‌اند، می‌بوسم و از هما خداحافظی می‌کنم. سوار جیپ شده و به سمت پست فرماندهی می‌رانم تا برای مأموریت آماده شوم.

پس از تهیه مسیر پروازی، آن را به افسر اطلاعات عملیات نشان می‌دهم و می‌پرسم: "آیا در مسیر رفت و برگشت چیزی داریم یا نه؟" منظورم این بود که آیا در نزدیکی مسیر پرواز ما پدافند عراقی وجود دارد یا خیر. او پس از بررسی نقشه، مسیر رفت و برگشت ما را مرور کرده و جواب می‌دهد: "خیر جناب سرگرد، چیزی در مسیر شما نیست."

در ساعت ۱۰:۰۰ نقشه را بر روی میز اتاق جنگ پهن می‌کنم و خلبانان منتخب را در جریان عملیات قرار می‌دهم. به آن‌ها یادآوری می‌کنم که زمان حرکت قطار را نداریم، و اگر نتوانستیم آن را پیدا کنیم، مسیرمان را دور می‌زنیم و جاده‌ای که به سمت شمال می‌رود را دنبال می‌کنیم. اگر با نیروهای دشمن برخورد کردیم، آن‌ها را هدف قرار می‌دهیم. در غیر این صورت، به دلیل بالا بودن ریسک فرود آمدن با بمب‌های فعال، تمامی بمب‌ها را در مسیر بازگشت بر روی این پل در عراق رها خواهیم کرد.

سپس با خودکارم دایره‌ای دور همان پل رسم می‌کنم.

ساعت ۱۱:۰۰ از پست فرماندهی خارج می‌شویم و سوار مینی‌بوس می‌شویم. نگاهی به کابین عقبم، بهمن سلیمانی، می‌اندازم که مشغول خوردن تنقلات است. با خنده به او می‌گویم: "بهمن، یه کمی هم برای روز مبادا بذار." همگی می‌خندند و او با شوخی به من تعارف می‌کند که از آجیلش بخورم. می‌گویم: "ممنون، خودم آجیل دارم."

چند دقیقه بعد، برای گرفتن کلاه و شلوار ضد فشارو جلیقه چتر نجات وارد اتاق چتر می‌شویم. پس از آماده شدن، دوباره سوار مینی‌بوس شده و به سمت آشیانه هواپیماها می‌رویم.

جلیل پوررضائی

برای این مأموریت، فانتوم‌های ما هر کدام به ۶ تیر بمب MK-82 که هر کدام ۵۰۰ پوند وزن دارند، مجهز شده‌اند، به همراه پادهای اختلال الکترونیکی و ۶۳۵ تیر فشنگ ۲۰ میلی‌متری.

پس از بررسی دقیق اطراف هواپیما و انجام بازرسی‌های پیش از پرواز، وارد کابین می‌شوم و با کمک مکانسین مشغول بستن اتصالات چتر نجات، ماسک اکسیژن، رادیو و سایر تجهیزات می‌شوم. با کابین عقب تماس می‌گیرم: "بهمن، صدای منو می‌شنوی؟"

"واضح و بلند." بهمن جواب می‌دهد.

سپس شماره ۲ را صدا می‌زنم. او هم بدون گفتن کلمه ای، دکمه رادیو را فشار می‌دهد که نشان می‌دهد صدای مرا شنیده است.

در سکوت کامل رادیویی به سمت باندهای پروازی حرکت می‌کنیم و سپس پرواز آغاز می‌شود. از فراز کوه‌های بلند غرب کشور عبور می‌کنیم و بلافاصله برای جلوگیری از کشف شدن توسط رادارهای دشمن، ارتفاع را تا حدود ۱۰۰ پایی کاهش می‌دهیم. همزمان، شماره دو هم در پرواز جمع رزمی قرار می‌گیرد. آسمان صاف است و دید عالی.

مستقیماً به سمت شهر توز خورماتو پرواز می‌کنیم. پس از رسیدن به شهر، گردشی بر فراز آن انجام می‌دهیم، اما به‌جز چند واگن، هیچ اثری از قطار دیده نمی‌شود.

برای اطمینان از کابین عقبم می‌پرسم: "بهمن، اون پایین قطاری می‌بینی؟"

پاسخ می‌دهد:"هیچی، جناب سرگرد."

در امتداد راه آهن، که قرار بود قطار را در آن پیدا کنیم، به شکل زیگزاگ به سمت پادگان التاجی بغداد ادامه می‌دهیم. کم‌کم شهر بغداد از دور نمایان می‌شود، اما همچنان هیچ اثری از قطار نیست.

طبق برنامه، به چپ گردش می‌کنیم و به سمت مرز برمی‌گردیم. اکنون حدود ۶۰ مایل در عمق خاک عراق هستیم. دو سه دقیقه بعد، سه تانک را در تقاطع جاده‌ای می‌بینم. با خودم فکر می‌کنم: "این تانک‌ها اینجا چکار می‌کنند؟ شاید برای تأمین امنیت جاده‌هایشان مستقر شده‌اند."

دکمهٔ رادیو را فشار می‌دهم: "سه تا تانک، ساعت ۱۰، دو مایل. دو بمب رها می‌کنیم. شماره یک درگیر میشه."

شماره ۲ با فشار دادن دکمهٔ رادیو تأیید می‌کند که صدایم را شنیده است.

حالت رهاسازی جفت بمب را انتخاب می‌کنم و دستگاه نشانه روی را در مرکز تانک ها قرار می‌دهم و دو بمب را رها می‌کنم. چند ثانیه بعد، از بالای تانک‌ها عبور کرده و پشت سرم را نگاه می‌کنم. به نظر می‌رسد که بمب‌ها حدود ۱۰۰ پایی تانک‌ها اصابت کرده‌اند. از بهمن می‌پرسم: "بهمن دیدی بمبها کجا خورد؟"

او جواب می‌دهد: "۵۰ پایی تانکها."

می‌گویم: "پس ترکش‌ها به تانک ها خورده."

بهمن تائید می‌کند و می‌گوید:"حتماً بهشون خورده."

محل اصابت بمب‌های شماره ۲ را نمی‌بینم و سؤال هم نمی‌کنم. بعد از فرود، دوربین‌های جلو و عقب هواپیماها را بازبینی می‌کنیم تا نتیجه دقیق‌تر بمباران را بررسی کنیم.

همان‌طور که در امتداد جاده پرواز می‌کنیم، متوجه چند آشیانه با سقف‌های فلزی می‌شوم که بر اثر تابش آفتاب برق می‌زنند. از بهمن می‌پرسم: "بهمن، چند تا آشیانه جلوی ما هست. ممکنه تأسیسات نظامی باشند؟"

بهمن جواب می‌دهد: "رو نقشه چیزی نیست، جناب سرگرد."

مردد می‌شوم که بمب‌ها را رها کنم یا نه. با خودم فکر می‌کنم: "ممکنه تأسیسات غیرنظامی باشه." بنابراین، بمب‌ها را رها نمی‌کنم. اما همان طور که از بالای ساختمان عبور می‌کنیم، به پایین نگاه می‌کنم و صدها گاو را اطراف آن می‌بینم. گویا آنجا یک دامداری بود. خوشحال می‌شوم که آن زبان بسته‌ها را دشمن فرض نکردم.

چند مایل جلوتر، پل کوچکی را می‌بینم که قبلاً روی نقشه به عنوان هدف جایگزین انتخاب کرده بودم. اطراف پل را نگاه می‌کنم و متوجه دو دستگاه خود روی شخصی سفید و قرمز رنگ می‌شوم که در حال عبور از پل هستند. با خود فکر می‌کنم: "این‌ها غیرنظامی‌اند و هیچ ارتباطی با این جنگ لعنتی ندارند."

اکنون حدود ۳۰ مایل درون خاک عراق قرار داریم. حالت "متعدد" را برای رها سازی بمب ها انتخاب می‌کنم تا تمامی ٤ بمب باقی‌مانده را روی پل رها کنم. درست وقتی به نقطه رهاسازی می‌رسم، دو خود روی غیر نظامی هم از پل عبور کرده بودند.

چهار بمب باقی‌مانده را رها می‌کنم. اولین بمب کمی کوتاه تر از پل به زمین می‌خورد، دومی به وسط پل برخورد می‌کند، سومی به نرده های آن سوی پل اصابت می‌کند، و چهارمی هم در داخل رودخانه منفجر میشود. می‌دانستم که این بمب ها قدرت تخریبی لازم برای از بین بردن پل را ندارند؛ چون بمب های ۵۰۰ پوندی با فیوزهای تماسی بودند که برای این نوع هدف مناسب نیستند.

لحظه‌ای شماره ۲ را در دید ندارم. از کابین عقب می‌پرسم: "بهمن، شماره ۲ کجاست؟"

بهمن پاسخ می‌دهد: "اونا بمب‌هاشون رو رها کردن و در یک مایلی ساعت ٤ ما هستند."

در حالی که ما در ۲۵ مایلی مرز و به سمت شمال در حرکت هستیم، ‑

ناگهان صدای اخطار موشک زمین به هوا همراه با چراغ‌های چشمک‌زن روی صفحه هشدار دهنده هواپیما ظاهر می‌شود؛ این یعنی رادار موشک زمین به هوای دشمن روی ما قفل کرده و احتمالاً موشکی در راهست، یا به‌زودی به سمت ما شلیک خواهد شد.

با خودم فکر می‌کنم: "افسر اطلاعات عملیات گفته بود که هیچ تهدیدی در مسیر پروازی ما نیست." به نظر می‌رسد اطلاعاتش نادرست یا قدیمی بوده. ظاهراً سیستم اختلال الکترونیکی قدیمی ما یا درست کار نمی‌کرده، یا شاید عراقی‌ها با کمک روس‌ها از سیستم‌های مدرن‌تری برای مقابله با دستگاه اختلال الکترونیکی ما استفاده می‌کردند.

کد "گردش، گردش، گردش" را اعلام می‌کنم و همزمان دسته موتورها را تا آخر باز کرده و پس‌سوزها را روشن می‌کنم. هواپیما را به شدت به راست می‌چرخانم و آنقد فشار۱ به فرامین وارد می‌کنم تا قدرت بینایی‌ام را از دست ندهم.

چند لحظه بعد، هواپیما تکان شدیدی می‌خورد و صدای انفجاری به گوش می‌رسد. بلافاصله، تکان شدید دیگری و صدای انفجار مجددی می‌شنوم. چراغ‌های اخطار آتش‌سوزی و ازدیاد حرارت هر دو موتور روشن می‌شوند.

اولین واکنش من این است که بگویم: "بهمن، عجب ما رو زدند!" سپس هواپیما را از گردش خارج کرده و تقریباً به سمت پایگاه شاهرخی تغییر مسیر می‌دهم. نگاهی به نشان‌دهنده‌های هر دو موتور می‌اندازم؛ به‌جز دور موتور که روی ۷۵٪ ثابت مانده، بقیه نمایشگرهای موتور در حد قابل قبولی بودند. فرامین هم هنوز کار می‌کردند، اما قدرت موتورها به اندازه‌ای نبود که بتوانیم به پرواز ادامه دهیم.

---

۱) فشار زیاد بر خلاف جاذبه زمین، باعث میگردد که خون از مغز و چشمان بطرف پائین بدن کشیده شود. در این زمان خلبان همه جا را تاریک دیده و ممکنست که حتی بیهوش شود.

سرعت هواپیما به تدریج کاهش می‌یابد. امیدوارم که چراغ‌های اخطار به دلیل اتصال سیم‌های مربوطه روشن شده باشند و شاید موتورها واقعاً آتش نگرفته‌اند. به همین دلیل از بهمن می‌پرسم: "بهمن، پشت سر هواپیما چه می‌بینی؟"

بهمن سریعاً جواب می‌دهد: "دود زیادی از پشت سر ما بیرون میاد."

برای سبک‌تر کردن هواپیما، دکمه‌ای را فشار می‌دهم تا سه باک اضافی و پایه‌های اتصال بمب‌ها را از هواپیما جدا کنم، اما هیچ اتفاقی نمی‌افتد. نتیجه می‌گیرم که برخی از سیستم‌های برق هواپیما هم بر اثر انفجار موشک آسیب دیده‌اند.

با این شرایط، برایم مسلم می‌شود که هواپیما واقعاً آتش گرفته است. یکی از موتورها را خاموش می‌کنم، اما چراغ اخطار آتش‌سوزی همچنان روشن می‌ماند. موتور دیگر را روشن نگه می‌دارم تا سیستم‌های هیدرولیک و برق هواپیما را از دست ندهم.

آنقدر درگیر ارزیابی وضعیت و کنترل هواپیما بودم که به کلی فراموش کردم تا شماره ۲ را از وضعیت خطرناکمان مطلع کنم.

حالا می‌دانم که کاری جز خروج اضطراری از هواپیما باقی نمانده است. اما آگاه هستم که اگر همین‌جا اجکت کنیم، احتمال اسارت توسط دشمن بسیار بالاست.

بهمن را از تصمیمم مطلع می‌کنم: "بهمن، ریسک می‌کنیم و هواپیما رو تا جایی که میشه به سمت مرز هدایت می‌کنیم. به محض اینکه به سرعت واماندگی رسیدیم، اجکت می‌کنیم."

بهمن با آرامش و ادب همیشگی‌اش پاسخ می‌دهد: "چشم، جناب سرگرد." بهمن یکی از با تجربه‌ترین و مؤدب‌ترین خلبانان دوره خودش است.

سرعت هواپیما از حدود ۵۰۰ نات به ۲۱۰ نات کاهش می‌یابد. کمی ارتفاع گرفتم و در حدود ۲۰۰ تا ۳۰۰ پا از سطح زمین، در دره‌ای که توسط کوه‌های بلند احاطه شده، پرواز می‌کنیم.

برای عبور از کوهی که در مقابل ما بود، دسته فرامین را کمی به عقب می‌کشم، اما چند ثانیه بعد پدال سمت چپ شروع به لرزیدن می‌کند و صدای اخطار واماندگی هواپیما بلند می‌شود. به بهمن می‌گویم: "ایجکت می‌کنیم۱" و همزمان اهرم خروج اضطراری را می‌کشم. صدای راکت‌های صندلی‌ها را می‌شنوم و با فشار شدیدی که ناشی از انفجار آن‌هاست، از هواپیما به بیرون پرتاب می‌شوم. برای چند لحظه از هوش می‌روم.

به محض اینکه به هوش می‌آیم، با خودم می‌گویم: "خدایا، نکنه چترم باز نشه." اما هنوز حرفم تمام نشده بود که می‌بینم چتر نجات باز شده است. به پایین نگاه می‌کنم و متوجه می‌شوم که فقط حدود ۵۰ پا با زمین فاصله دارم.

معمولاً خلبانان هواپیماهای جنگنده چترباز نیستند و تنها دوره تئوری فرود با چتر را می‌گذرانند. به یاد می‌آورم که برای کاهش ضربه هنگام فرود باید روی زمین غلت بزنم. اما محل فرود از درختان بلوط و سنگ‌های صخره‌ای پوشیده شده است. فرصتی برای هدایت چتر ندارم و محکم روی پاهایم فرود می‌آیم. خوشبختانه باد نمی‌وزید و من بر روی زمین کشیده نمی‌شوم. چتر نجات نیز چند قدم دورتر از من روی زمین می‌افتد.

روی پاهایم می‌ایستم و فوراً درد شدیدی را در ناحیه عمل آپاندیسم احساس می‌کنم؛ آپاندیسی که حدود یک ماه و نیم پیش جراحی کرده بودم. سریعاً اتصالات چتر را باز می‌کنم و به اطراف نگاهی می‌اندازم. یک دهکده در کوه مقابل، در فاصله‌ای حدود یک مایلی دیده می‌شود.

به دنبال بهمن می‌گردم و صد متری دورتر او را می‌بینم که چترش-

---

۱) Eject به معنی ترک هواپیما با استفاده از صندلی نجات که بصورت خودکار به بیرون پرتاب میشود.

جلیل پوررضائی

به شاخه درختی گیر کرده است. سریعاً خودم را به او می‌رسانم و کمکش می‌کنم تا چترش را جدا کند. همدیگر را بغل می‌کنیم و می‌گویم که باید هر چه سریع‌تر حرکت کنیم؛ وگرنه عراقی‌ها ما را پیدا کرده و دستگیر می‌کنند.

"آره، جناب سرگرد." بهمن پاسخ می‌دهد.

بهمن مؤدبانه می‌پرسد که آیا از این به بعد می‌تواند مرا به اسم کوچک صدا کند. با خنده جواب می‌دهم: "چرا که نه!"

سپس بهمن گله می‌کند که قرار بوده ساعت ۵ بعدازظهر با یکی از دوستانش به نام سروان خلبان علی فرخی به تهران بروند. از اینکه در این موقعیت خطرناک و در حالی که بیست مایل در خاک دشمن هستیم، بهمن به این موضوع فکر می‌کند، خنده‌ام می‌گیرد، ولی چیزی نمی‌گویم.

کتاب "پاپیون" اثر "هانری شَری یر" را چند مرتبه خوانده بودم و همیشه پافشاری و همت این زندانی به فرار پس از چندین بار شکست و نهایتاً موفقیت را تحسین می‌کردم. تحت تأثیر قهرمان این داستان ابدا به اسیر شدن فکر نمیکنم.

در این لحظه، تقریباً ۲۰ مایل درون خاک عراق هستیم، در منطقه‌ای حاشیه‌ای و خارج از شهر، با کوه‌های بلند اطرافمان. هواپیمای ما نیز بر قله کوهی که قصد عبور از آن را داشتیم سقوط کرده و دود سیاه غلیظی از لاشه هواپیما به آسمان بر خاسته است. فشنگ‌های ۲۰ میلی‌متری هواپیما بر اثر حرارت شدید به‌طور نامنظمی شلیک می‌شوند، و نگران هستیم که ممکنست این گلوله‌ها به ما اصابت کنند.

در حالی که مشغول مخفی کردن چتر و وسایل دیگر هستیم، با هر صدای شلیک یکی از این تیرها، سرمان را به سرعت می‌دزدیم.

۱۰٤

ناگهان صدای انفجار مهیبی به گوش می‌رسد. بهمن با نگرانی می‌پرسد: "کی داره دور ما رو بمباران می‌کنه؟"

جواب می‌دهم: "احتمالاً مخزن اکسیژن یا هیدرولیک هواپیماست که به خاطر حرارت زیاد منفجر شده‌اند."

بهمن پیشنهاد می‌دهد: "بهتر نیست چتر و کلاه‌هامون رو با خودمون ببریم؟ شاید بعداً به دردمون بخوره."

پاسخ می‌دهم: "درسته، شاید بعداً به کارمون بیاد، اما کلاه‌ها سفید و چترها نارنجی هستند. با این رنگ‌ها خیلی راحت توسط عراقی‌ها دیده می‌شیم."

بهمن حرفم را تأیید می‌کند، و در حالی که جعبه نجاتمان را به دوش گرفته‌ایم، به سمت رودخانه‌ای که در پایین کوه جاری است سرازیر می‌شویم. رودخانه کم‌عمق ولی خروشان است و سنگ‌های متعددی دارد که می‌توان با پریدن از روی آن‌ها عبور کرد.

شدیداً احساس تشنگی می‌کنم. روی شکمم دراز می‌کشم و دستانم را روی دو سنگ قرار می‌دهم، سپس تا جایی که می‌توانم آب می‌نوشم. بعد از کمی استراحت، به بررسی محتوای جعبه‌های نجاتمان می‌پردازیم و بی‌سیمی را پیدا می‌کنیم که روی موج اضطراری کار می‌کند. بی‌سیم خودم را داخل جیب کاپشنم قرار می‌دهم.

برای بهمن شرح می‌دهم: "بهمن، ما تقریباً ۲۰ مایل در داخل خاک عراق هستیم. بعید به نظر می‌رسه که برای نجات ما، پایگاه ریسک کنه و هلی‌کوپتری رو اینهمه به داخل خاک دشمن بفرسته."

نقشه را روی زمین پهن می‌کنم و نزدیک‌ترین ده ایرانی به نام "نوسود" را که در آن سوی مرز قرار دارد، پیدا می‌کنم. این روستا از توابع استان کردستان است. به بهمن می‌گویم: "اگه به سمت شمال شرق حرکت کنیم،

جلیل پوررضائی

نهایتاً به نوسود می‌رسیم. اما این فاصله روی نقشه در امتداد خط مستقیم است. با توجه به کوهستانی بودن منطقه، باید فاصله رو دو برابر و حدود ٤٠ مایل در نظر بگیریم."

"پس یک هفته طول می‌کشه تا برسیم به اونجا". بهمن با تعجب می‌گوید.

بهمن با احتیاط شروع به عبور از رودخانه می‌کند و سنگ‌ها را یکی‌یکی بررسی می‌کند. در حالی که او را تشویق به رد شدن می‌کنم، اطراف را هم با دقت زیر نظر دارم تا مبادا دشمن یا اهالی ده ما را ببینند. اما ناگهان از گوشهٔ چشمم می‌بینم که بهمن تعادلش را از دست داده و با صورت به داخل آب می‌افتد. با زحمت روی پاهایش می‌ایستد و در برابر جریان آب مقاومت می‌کند تا بالاخره به آن طرف رودخانه می‌رسد. بهمن از آن سوی رودخانه خارج می‌شود؛ سر تا پا خیس.

می‌دانم که شب هوا سرد خواهد شد و به هر قیمتی باید از خیس شدنم جلوگیری کنم. کمی بالاتر می‌روم تا مسیر بهتری پیدا کنم. بالاخره جایی را می‌یابم که سنگ‌ها در فاصله مناسبی قرار دارند. سه سنگ را با موفقیت پشت سر می‌گذارم، اما به محض پریدن روی سنگ چهارم، پایم لیز می‌خورد و من هم در آب می‌افتم. خوشبختانه عمق آب تا زیر زانو است. دستم را به همان سنگ چهارم می‌گیرم، اما جریان شدید آب مرا نیز به سرنوشت بهمن دچار می‌کند. با زحمت از رودخانه عبور می‌کنم و فوراً به دنبال بیسیم خود می‌گردم. آب خروشان، بیسیم را از جیب کاپشنم بیرون انداخته بود.

با نگرانی رو به سلیمانی می‌کنم و می‌گویم: "بهمن، بیسیمم رو آب برد. مال تو کجاست؟"

بهمن، جواب می‌دهد: "نگران نباشید جناب سرگرد، تو کیفمه." بهمن یادش می‌رود که قرار بود مرا "جلیل" صدا کند.

۱۰٦

حالا دیگر ساعت ۲ بعدازظهر شده، و ما شروع به بالا رفتن از کوه به سمت وطن می‌کنیم. از دوردست صدای گوسفندها و بزهایی که مشغول چرا هستند، شنیده می‌شود. همان‌طور که بالاتر می‌رویم، محل سقوط هواپیما و نقطه فرودمان را در پایین دست می‌بینیم.

اهالی ده دور هواپیمای در حال سوختن جمع شده‌اند و مشغول جمع‌آوری غنایم هستند. دو نفر از آن‌ها را می‌بینیم که قایق نجات نارنجی‌رنگ ما را بالای سر گرفته‌اند و با عجله به سمت ده می‌دوند. به نظر می‌رسد از موقعیت ما خبری ندارند و شاید هم فکر می‌کنند که ما در داخل هواپیما کشته شده‌ایم.

ما دوباره شروع به بالا رفتن از کوه می‌کنیم. به شدت احساس ضعف می‌کنم و با خودم فکر می‌کنم: "شاید این خستگی و ضعف به خاطر عمل جراحی ماه قبل باشد." پس از طی مسافتی، به جایی از کوه می‌رسیم که شیب کمتری دارد و گله‌ای از گوسفندان در نزدیکی آن مشغول چرا هستند. بلافاصله خودمان را مخفی می‌کنیم و به اطراف نگاهی می‌اندازیم تا چوپان را ببینیم. پیدا شدن ما توسط چوپان به معنای لو رفتن و اسیر شدن است.

حدود ساعت ۲:۳۰ بعدازظهر به بالای کوه می‌رسیم و زیر پایمان کوره‌راهی را می‌بینیم که به کوه‌های سر به فلک کشیده دیگری منتهی می‌شود. با خودم فکر می‌کنم: "الان قرار بود با هما و بچه‌ها ناهار بخورم و بعد از آن فوتبال تماشا کنم"، و لبخند تلخی بر لبانم می نشیند.

به بهمن می‌گویم: "احتمالاً این کوره راه رو اهالی ده استفاده می‌کنند. نباید ازش استفاده کنیم." بعد با هم تصمیم می‌گیریم همان‌جا بین دو تخته سنگ استتار کرده و استراحت کنیم تا شب شود و سپس به سمت خاک ایران حرکت کنیم.

راه‌پیمایی در شب دو مزیت داشت: اول اینکه در تاریکی شب دیده نمی‌شدیم و دوم اینکه با لباس‌های خیس، در حرکت گرم می‌ماندیم و یخ نمی‌زدیم.

هر دو روی زمین می‌نشینیم و به صخره‌ها تکیه می‌دهیم. نگاهی به محتویات جعبه‌های نجاتمان می‌اندازیم. در جعبه‌ها، نخ‌های ماهیگیری، قلاب، تور، دو منور، قطب نما، دو قوطی آب، آینه، و انواع قرص‌ها از جمله مسکن و ضد اسهال وجود دارد.

بهمن می‌گوید که گرسنه است. نگاهی به اطراف می‌اندازیم و میوه‌های خشکی شبیه بلوط پیدا می‌کنیم که طعمی بسیار تلخ دارند.

یک مشت کشمش، پسته و گردوی خیس شده از جیب کاپشنم درمی‌آورم و به او می‌دهم و می‌گویم: "تو آب که افتادم خیس شدن، ولی فکر نکنم این بلوط‌ها سمی باشند، بهتره مقداری با خودمون ببریم.

"فکر خوبیه جناب سرگرد." بهمن تائید میکند.

در همان زمان، شماره دوی من، بهرام فیروزی، بدون هیچ آسیبی از پدافند عراق در پایگاه هوایی شاهرخی فرود می‌آید. واضح است که موشک زمین به هوای عراقی‌ها روی من که جلوتر از شماره ۲ پرواز می‌کردم قفل راداری کرده بود. فیروزی در گزارش پس از پرواز می‌گوید: "سرگرد پوررضایی توسط پدافند عراق سرنگون شد."

کسی می‌پرسد: "ایجکت کرد؟"

بهرام پاسخ می‌دهد: "نه، ایجکت نکرد، چون من هیچ پیام اضطراری از PLB ۱ صندلی نجات او دریافت نکردم."

همه در پست فرماندهی تصور می‌کنند که ما کشته شده‌ایم و غمگین هستند.

---

۱) فرستنده‌ای به نام Pilot Locator Beacon (PLB) در داخل صندلی‌های هواپیما تعبیه شده است که در هنگام خروج اضطراری، صدایی شبیه آژیر آمبولانس پخش می‌کند و به گروه تجسس و نجات در یافتن خلبان کمک می‌نماید.

اما آن‌ها، از جمله شماره ۲ من، فراموش میکنند که برای دریافت امواج PLB نباید مانعی بین فرستنده و گیرنده قرار گیرد. با توجه به اینکه ما در جهات متفاوت مانور میکردیم و کوه‌های بلندی بین ما قرار داشتند، بهرام پیام اضطراری صندلی ما را دریافت نکرده بود.

در همین زمان، سیستم‌های شنود پست فرماندهی شاهرخی پیام‌های دو برج دیده‌بانی عراقی را که سقوط هواپیمای ما را از دور دیده بودند، دریافت می‌کنند. دیده‌بان‌ها ضمن تبریک به یکدیگر، از پست فرماندهی خود درخواست اعزام یک فروند هلیکوپتر برای بررسی محل سقوط می‌کنند. با دریافت مختصات محل، یک فروند هلیکوپتر عراقی به پرواز در می‌آید و به سمت محل سقوط حرکت می‌کند. پس از رسیدن و گردش بر فراز لاشه هواپیما، این پیام را مخابره می‌کند:

"ما بر روی لاشه هواپیما هستیم. هنوز در حال سوختن است. نشانی از خلبانان آن دیده نمی‌شود و به علت ناهموار بودن زمین امکان فرود نیست. احتمالاً اجساد خلبانان داخل هواپیماست. بهتر است چند نفر با اسب به محل اعزام شوند تا اجساد را جمع‌آوری کنند." یکی از پست فرماندهی دشمن اعلام می‌کند که رسیدن به محل سانحه با اسب، حدود یک هفته طول می‌کشد.

پایگاه ما نیز با استناد به این مکالمات، محل تقریبی سقوط هواپیمای ما را پیدا می‌کند، اما هنوز نمی‌دانند که من و بهمن زنده‌ایم یا کشته شده‌ایم.

سرگرد محمود اسکندری نیز پس از انجام مأموریت خود به پایگاه برمی‌گردد، هواپیما را در آشیانه پارک می‌کند، اما به جای اینکه بلافاصله به پست فرماندهی برود و گزارش ماموریت خود را ارائه دهد، به خانه می‌رود، ناهارش را می‌خورد، چرتی می‌زند و حدود ساعت ۳ بعدازظهر به پست فرماندهی برای ارائه گزارش بعد از پرواز می‌رود. در آنجا متوجه می‌شود که همه ناراحت و غمگین بنظر میرسند. از برات‌پور، رئیس عملیات، می‌پرسد: "چه اتفاقی افتاده؟"

برات‌پور با حالتی افسرده جواب می‌دهد: "جلیل و بهمن رو زدند."

محمود دوباره می‌پرسد: "پریدند بیرون؟"

فرج پاسخ می‌دهد: "نه."

محمود با تعجب می‌پرسد: "چرا نه؟"

فرج توضیح می‌دهد که شماره ۲ صدای PLB صندلی‌های اضطراری را دریافت نکرده است. محمود که به وضوح هیجان‌زده شده بود، می‌گوید: "ولی من شنیدم. اول فکر کردم که صدای PLB شماره دوی خودمه، ولی بعد که فهمیدم سالمه، با خودم گفتم حتماً یکی PLB ها اشکال پیدا کرده."

از آن لحظه به بعد، فرمانده پایگاه تصمیم می‌گیرد که هر چه سریع‌تر هلیکوپترهای تجسس و نجات را به منطقه اعزام کند و به فرج الله برات‌پور دستور می‌دهد که ابتدا یک فانتوم به محل سانحه بفرستد.

برات‌پور در تأیید دستور فرمانده پایگاه می‌گوید: "اگه زنده باشند، حتماً با هواپیما تماس می‌گیرند."

در این زمان، ما همچنان بین دو صخره مخفی شده‌ایم. بهمن گلایه‌کنان می‌گوید: "اونا نمی‌خوان یه هواپیما بفرستن ببینن ما زنده‌ایم یا نه و نجاتمون بدن؟"

به او پاسخ می‌دهم: "بهمن جان، ما ۲۰ مایل در خاک دشمن هستیم. وضعیت خطرناکیه. فکر نکنم این همه داخل خاک عراق بشن که ما رو نجات بدن. سلاح کمریت رو همراه داری؟" بهمن با کمی شرمندگی جواب می‌دهد که آن را در خانه جا گذاشته است. او را دلداری می‌دهم و می‌گویم که ناراحت نباشد، چون من کلت خودم را با ۵۰ تیر فشنگ همراه داشتم.

حدود ساعت ۳:۴۵ بعدازظهر صدای جنگنده‌ای را از دوردست می‌شنویم. بهمن با عجله می‌گوید: "شاید هواپیمای خودمون باشه، بهتره باهاش تماس بگیریم!"

پاسخ می‌دهم، "ممکنه عراقیها باشند. بهتره صبر کنیم و با چشم ببینیم هواپیما خودی هست یا نه."

به اطراف نگاه می‌کنیم و لحظه‌ای بعد فانتومی را می‌بینیم که در حدود ۵ مایلی، در حال گردش به راست از پشت کوهها ظاهر می‌شود. بی‌سیم را از بهمن می‌گیرم و پس از بیرون کشیدن آنتن آن، بدون آنکه نام خلبان یا رمز پروازش را بدانم، پیامی می‌فرستم: "اف چهاری که داری به راست می‌چرخی، به گردشت ادامه بده."

صدایی آشنا از بی‌سیم شنیده می‌شود: "جلیل، تویی؟ قربون صدات برم."

از این همه محبت قطره‌ای اشک از گوشه چشمانم سرازیر شد، و با صدایی پر از قدردانی جواب می‌دهم: "آره، مرسی فرج."

او سرهنگ۲ خلبان فرج الله براتپور، رئیس عملیات پایگاه بود.

فرج می‌گوید: "از جاتون تکون نخورید که هلیکوپترهای نجات رو براتون می‌فرستم." بعداً فهمیدم که او در ارتفاع ۱۵۰۰۰ پایی نزدیک مرز با عراق پرواز می‌کرد. او پس از اطمینان دادن، محل را ترک می‌کند.

متعاقباً همان فانتومی که در ارتفاع پست پرواز می‌کرد، با سرعت سرسام آوری غرش کنان دوباره از بالای سرمان عبور می‌کند و از بی‌سیم می‌گوید: "جلیل، دست تکون بده ببینمت."

او سرگرد خلبان شادروان محمود اسکندری، هم‌دوره من بود.

جواب می‌دهم: "محمود، داری خیلی پایین پرواز می‌کنی. مواظب کوه ها باش." من نگران سلامتی خودش و کابین عقبش بودم.

با خنده جواب می‌دهد: "نگران نباش بابا." محمود یکی از زبده‌ترین خلبانان و فرمانده گردان ۳۱ شکاری است.

محمود بما قوت قلب میدهد: "جلیل، خیالت راحت باشه. هر هلیکوپتر عراقی که به شما نزدیک بشه رو می‌زنم."

فرج دوباره تماس میگیرد: "جلیل، هلی کوپترها تو راه هستند."

با مراجعت برات‌پور و حضور محمود اسکندری، حالا دو فروند فانتوم بالای سر ما در حال گشت هستند و مراقبند که هیچ هواپیمای دشمن به ما نزدیک نشود. رادارهای عراقی نمی‌توانند آن‌ها را ردیابی کنند، اما با شنیدن مکالمات ما متوجه فعالیت‌هایی در اطراف محل سقوط هواپیما می‌شوند و بلافاصله دو فروند هواپیمای جنگنده را به محل سانحه اعزام می‌کنند.

رادارهای ما هم فوراً آن‌ها را در ارتفاع ۲۰۰۰۰ پایی شناسایی می‌کنند. با این حال، خلبانان عراقی نمی‌توانند فانتوم‌های ما را که در ارتفاع پایین پرواز می‌کنند، با چشم ببینند.

اکنون ساعت ٤ بعدازظهر است. از دور صدای زنگوله‌های گلهٔ بز و گوسفند شنیده می‌شود. دقایقی بعد، خود گله را می‌بینیم که از کوره راه پایین پایمان در حال عبور است. باید از دید چوپان یا سگ گله مخفی بمانیم. اما ناگهان، با کمال تعجب، دو رأس بز را می‌بینیم که در چند متری به ما زل زده‌اند. عرق سردی بر تنم می‌نشیند.

با خودم فکر می‌کنم: "حضور بزها ممکن است سگ گله را به اینجا بکشاند. اگر سگ ما را ببیند، با پارس کردن خود چوپان را از وجود ما آگاه می‌کند. چوپان هم به ده می‌رود و مردم را خبر می‌کند و ما را دستگیر می‌کنند."

هر چه با دست به بزها علامت می‌دهیم که دور شوند، به خرجشان نمی‌رود و همچنان خیره بما نگاه می‌کنند. در نهایت، بهمن با تکه سنگی

پیشانی یکی از آن‌ها را هدف می‌گیرد. بز فرار می‌کند و بقیه نیز به دنبالش روانه می‌شوند. پس از این واقعه، هر دو نفسی به راحتی می‌کشیم.

ناگهان صدای برات‌پور را می‌شنویم: "هلیکوپترها در ۵ مایلی شما هستند."

به بهمن می‌گویم: "من با بی‌سیم هلیکوپترها رو به سمت ما هدایت می‌کنم، و تو منور رو روشن کن."

دقایقی بعد، در فاصله تقریباً ۲ مایلی، سه فروند هلیکوپتر؛ دو فروند کبری و یک فروند ۲۱٤را می‌بینیم که از سمت جنوب شرق به سرعت نزدیک می‌شوند. با همان رادیوی دستی با آن‌ها تماس می‌گیرم: "ما دقیقاً در فاصله ۲ مایلی روبروی شما هستیم، بین دو صخره که درختی هم کنارشان هست."

با تعجب، جوابی از آن‌ها نمی‌گیرم. دوباره موقعیت‌مان را تکرار می‌کنم، اما باز هم هیچ پاسخی از سوی هلیکوپترها دریافت نمی‌شود. دستپاچه می‌شوم؛ هلیکوپترها به سرعت در حال نزدیک شدن هستند. به طرف بهمن نگاه می‌کنم و می‌بینم که منور۱ را روشن کرده، اما خبری از دود غلیظ نارنجی رنگ نیست.

فریاد می‌زنم: "طرف شب رو کشیدی، طرف روز رو بکش."

بیسیم را می‌اندازم و منور دیگری را برمی‌دارم و حلقه مربوط به روز را می‌کشم، اما دیگر هلیکوپترها از بالای سر ما عبور کرده و پشت کوه‌ها از نظر ناپدید شده‌اند.

---

۱) »منوّر، سیلندری استوانه ای است که طول آن تقریباً ۲۰ سانتیمتر میباشد و دارای دو سر است. یک سر مربوط به شب که از خود نورنارنجی رنگ شدیدی ساطع می کند و دیگری مربوط به روز است که دود غلیظ نارنجی رنگی از آن خارج میشود.

مجدداً بیسیم را برمی‌دارم و با صدای بلند می‌گویم: "از بالای سر ما عبور کردید" اما باز هم هیچ پاسخی دریافت نمی‌کنم.

با حالتی عصبی براتپور را صدا میزنم، "فرج اونا صدای منو نمی شنوند، بگو دقیقاً در همان مسیری که رفتند برگردند."

تمام آن محوطه را دود نارنجی رنگ فرا می گیرد و از دور دست صدای دهاتیهای عراقی که بسرعت به سمت ما در حال نزدیک شدن هستند، شنیده می شود.

کبری (هلی کوپتر جنگنده)

ماخذ عکس: دانشنامه آزاد ویکی پیدیا

هلیکوپترها باز می گردند و ما دو منوّر دودزای دیگری را روشن می کنیم. این مرتبه براحتی محل ما را می یابند. کبری ها آرایش رزمی می گیرند و به دور ما شروع به چرخیدن می کنند. هلیکوپتر نجات ۲۱٤ هم بدنبال مکانی مناسب برای فرود در نزدیکی ماست. ولی پس از چند بار تلاش نا موفق در فرود آمدن، بالاخره خلبان ۲۱٤ به ما اشاره می کند که به سمت پایین درّه حرکت کنیم..

عراقی‌ها هنوز از ما دور هستند، اما من سلاح کمری خود را در دست می‌گیرم. به دلیل شیب زیاد محل، هلیکوپتر نمی‌تواند فرود بیاید و در نزدیکی ما در هوا معلق می‌ماند. با تعجب متوجه می‌شویم که این هلیکوپتر نجات، به بکسل برای بالا کشیدن ما مجهز نیست.

به بهمن اشاره می‌کنم که اول او سوار شود، چون مسلح نبود و من می‌توانستم او را پوشش دهم. او به بالا می‌پرد و میله‌های آهنین زیر هلیکوپتر را با دو دست می‌گیرد. گروهبان اسماعیل ایل‌بیگی او را به داخل هلیکوپتر می‌کشد. لحظاتی بعد، من نیز به دنبال او وارد هلیکوپتر می‌شوم. با مسئول نجات دست می‌دهیم، دستم را بر شانه‌های خلبانان می‌گذارم و از شجاعتشان تشکر می‌کنم.

"ستوان اصفهانی و شهدادی" این دلیرمردان، با گرمی با من دست می‌دهند. ایل‌بیگی به ما سیب و پسته می‌دهد که در آن موقعیت، خوشمزه‌تر از همیشه به نظر می‌رسند.

هلیکوپتر در ارتفاعی بسیار پایین پرواز می‌کند، به شکلی که رادارهای دشمن ما را ردیابی نکنند. در این لحظه به یاد ماجرایی از دوران سلطنت پهلوی می‌افتم؛ زمانی که هلیکوپتری از پایگاه وحدتی به اشتباه راه را گم کرده و در مجاورت پاسگاهی در خاک عراق فرود آمده بود، ماجرایی که باعث آبروریزی بزرگی شد و در سطح جهانی مورد توجه قرار گرفت. برای اطمینان، دستم را به صندلی خلبان تکیه می‌دهم و به جلو نگاه می‌کنم تا مطمئن شوم مسیرمان درست است و به سمت سرپل ذهاب می‌رویم.

جلیل پوررضائی

ستوان اصفهانی که متوجه حالت نگران من شده بود، رو به من می‌کند و با لبخندی آرام‌بخش می‌گوید: "نگران نباشید جناب سرگرد، ما کوه‌های اینجا رو مثل کف دستمون می‌شناسیم." این اطمینان خاطر او، آرامشی در وجودم ایجاد می‌کند و نگرانی‌ام را از بین می‌برد.

چند دقیقه بعد، هلیکوپتر به سرپل ذهاب می‌رسد. در پادگان، ده‌ها نفر از پرسنل لشگر ۸۱ زرهی کرمانشاه به استقبال ما می‌آیند. در حالی که از هلیکوپتر پیاده می‌شویم، با چهره‌هایی پر از شوق و همبستگی ما را در آغوش می‌کشند. احساسی از امنیت و آرامش سراسر وجودم را فرا می‌گیرد.

ما را به پست فرماندهی خود هدایت می‌کنند. در آنجا بما کاپشن‌های گرم می‌دهند، و چای داغ و تازه دم. چای را با لذت می‌نوشم و طعم زندگی و نجات را در هر جرعه آن حس می‌کنم.

با خلبانان شجاع هلیکوپترهای کبری دست می‌دهم و از آن‌ها بابت شجاعت و تلاششان در عملیات نجات تشکر می‌کنم. آن‌ها با تمام فروتنی، نجات من و بهمن را تنها وظیفه‌ای ساده از جانب خود می‌دانستند. در چهره و نگاهشان هیچ نشانه‌ای از انتظار تشکر یا قدردانی نبود؛ گویی این مأموریت، بخش جدایی‌ناپذیری از زندگی و هویت آن‌ها بود. می‌دانستم هر یک از آن‌ها به خطرات زیادی در این عملیات تن داده، اما لحظه‌ای تردید به خود راه نداده اند.

متعاقباً فرصتی برای تماس با همسرم، هما، پیدا می‌کنم. با اشتیاق شماره خانه را می‌گیرم و صدای لرزان او را می‌شنوم. وقتی صدای من را از آن سوی خط می‌شنود، مکثی طولانی می‌کند؛ باورش نمی‌شود که خود من باشم. گویی صدایم به گوشش نمی‌رسید. او با ناباوری و هیجان می‌پرسد: "واقعاً خودتی؟" با خنده پاسخ می‌دهم: "آره، شب میام خونه."

بعداً هما برایم تعریف کرد که وقتی زمان ناهار آمد و من بازنگشتم، با نگرانی به پست فرماندهی زنگ زده است. رئیس عملیات، با احتیاط، یکی از خلبانان را مأمور می‌کند که به هما اطلاع دهد هواپیمای من مورد اصابت

۱۱٦

قرار گرفته و پایگاه در حال جستجوی ما است. هما، که بارها شنیده بود چنین داستان‌هایی به بازگشت خلبانان ختم نمی‌شود و دیده بود که پیکر خلبانان را به پایگاه می‌آورند، حرف‌های خلبان را باور نمی‌کند و پای تلفن از حال می‌رود.

وقتی خبر زنده بودن ما به سرهنگ گلچین، فرمانده پایگاه، می‌رسد، بی‌درنگ همسرش را به خانه ما می‌فرستد تا این خبر خوش را به هما برساند و او را آرام کند.

پس از تماس با هما، با برات‌پور و گلچین هم صحبت می‌کنم و از زحمات و تلاش‌های آن‌ها برای نجاتمان صمیمانه تشکر می‌کنم. احساس قدردانی عمیقی در قلبم دارم؛ از این که در پایگاهی خدمت می‌کنم که هیچ‌گاه همرزمانش را تنها نمی‌گذارد.

در تاریکی غروب، سوار همان هلیکوپتر می‌شویم و به سمت کرمانشاه می‌رویم. در فرودگاه کرمانشاه، سرگرد شادروان مستشاری، رئیس مرکز پشتیبانی‌های هوایی لشگر ۸۱ زرهی کرمانشاه، به همراه ستوان یکم خلبان جانفشان، افسر ناظر مقدم هوائی به پیشواز ما می‌آیند. دست‌های گرم و چهره‌های شادشان گواهی است بر دوستی و همبستگی میان همرزمان. ستوان یکم جانفشان که از پایگاه ما به اینجا مأمور شده بود، به افتخار بازگشت ما جوجه سوخاری سفارش داده بود.

پس از یک روز پرهیجان، آن طعم ساده و آشنای جوجه سوخاری در کنار همرزمانم، گویی خوشمزه‌تر از همیشه است و پس از یکروز پر حادثه احساس آرامش می‌کنم.

فرمانده لشگر مستقر در کرمانشاه برای مراجعت به پایگاه شاهرخی یک شورولت بلیزر، همراه با راننده و یک دژبان مسلح، در اختیار ما قرار می‌دهد. ستوان یکم جانفشان نیز با ما همراه می‌شود. در سکوت و تاریکی شب به سوی پایگاه حرکت می‌کنیم؛ هر لحظه‌ای که از آن روز پر از دلهره

جلیل پوررضائی

فاصله می‌گیرم، بیشتر به معنای این لحظات و حمایت بی‌دریغ هم‌رزمانم پی می‌برم.

نزدیک نیمه شب به شاهرخی می‌رسیم. در ورودی پایگاه، چهره‌های آشنا و عزیز با شادی فراوان به استقبال ما آمده‌اند. فرمانده پایگاه، گلچین، برات‌پور، رئیس عملیات، محمود اسکندری فرمانده گردان ۳۱ شکاری و صدها نفر از پرسنل پایگاه با اشتیاق و خوشحالی بی‌حد در کنار هم ایستاده‌اند. شادی از زنده بودن ما و بازگشت به خانه، در نگاه تک‌تک آن‌ها موج می‌زند و این استقبال پرشور چیزی نیست که به سادگی فراموش کنم.

فرمانده پایگاه دستور می‌دهد که ما را برای معاینات پزشکی مستقیماً به بیمارستان ببرند. احساس می‌کنم سراسر بدنم کوفته است، اما بجز دردی مختصر در ناحیه آپاندیسم، مشکل دیگری ندارم. بهمن اما، از درد شدید کمر شکایت می‌کند؛ ظاهراً فرود سخت روی زمین اثر خود را گذاشته بود. پزشک پایگاه بیش از یک ساعت ما را به دقت معاینه می‌کند، و در نهایت، اجازه می‌دهد که به خانه برگردیم.

وقتی وارد خانه می‌شوم، همسرم، هما، با لبخندی گرم به استقبالم می‌آید. او برای من و تعدادی از دوستان خلبانم که مشتاقانه منتظر بازگشتم بودند، شام مفصلی تدارک دیده بود. وقتی کنار بچه‌هایم می‌نشینم و چهره‌های کوچکشان را می‌بینم، قلبم از شادی لبریز می‌شود.

پورنگ، پسر چهار ساله‌ام، در حالیکه یک کلت پلاستیکی به کمر خود بسته، با هیجان کودکانه‌اش به من نگاه می‌کند و می‌گوید: "بابا، بابا، عراقی‌ها تق‌تق تو رو زدن؟"

با خنده و مهربانی او را بغل می‌گیرم و می‌گویم: "نه بابا، بابا پدر همه اونا رو درآورد."

خنده و شادی دوباره فضای خانه را پر می‌کند، و در دل، برای این لحظات و این خانه آرام شکرگزارم.

*****

بمباران تلمبه خانه نفت ک۲ عراق

چند ماهی بیشتر از آغاز جنگ با عراق نگذشته است. به عنوان فرمانده گردان ۳۲ شکاری، همراه با هم‌دوره‌ام، شادروان سرگرد خلبان محمود اسکندری، که فرمانده گردان ۳۱ شکاری است، در پست فرماندهی حاضر هستیم. در کنار ما سرهنگ۲ خلبان فرج‌الله برات‌پور، معاون عملیاتی که یک سال از من و محمود ارشدتر است، و سرهنگ خلبان قاسم گلچین، فرمانده پایگاه، نیز حضور دارند. همچنین، سرهنگ۲ خلبان علی صابونچی که از ستاد در تهران برای کمک به عملیات جنگی به شاهرخی آمده، همراه ماست.

این روزها اغلب پروازها به مأموریت‌های پشتیبانی هوایی برای کمک به نیروهای زمینی و گشت‌های رزمی هوایی اختصاص یافته است. با این حال، این بار مأموریت ویژه‌ای به پایگاه ما ابلاغ می‌شود: بمباران تلمبه‌خانه نفتی ک۲ که در نزدیکی شهر تکریت عراق قرار دارد. این نقطه استراتژیک، یکی از مراکز مهم صادرات نفت عراق به اروپا است و گفته می‌شود که روزانه حدود ۲۰۰ هزار بشکه نفت از اینجا به خارج از عراق صادر میگردد.

تعداد هواپیماهای تعیین‌شده برای این مأموریت ۸ فروند اف۴ است. ساعتی بعد، اسامی خلبانانی که قرار است در این عملیات شرکت کنند، بر روی تابلوی مقابل اتاق فرمان نوشته می‌شود.

لیدر دسته اول، سرهنگ۲ خلبان علی صابونچی، ارشدترین عضو حاضر در عملیات، انتخاب شده است. لیدر دسته دوم، فرج‌الله برات‌پور است، و لیدر دسته سوم محمود، هم‌دوره‌ام که تنها ۱۵ روز از من قدیمی‌تر است. نهایتاً، من نیز به عنوان لیدر دسته چهارم همراه با رحیم پورفرزانه که به عنوان شماره دوی من پرواز خواهد کرد، در برنامه قرار دارم.

در دل خنده‌ام می‌گیرد و با خود فکر می‌کنم: "نگاه کن، چطور ترتیب دسته‌ها را دقیقاً بر اساس ارشدیت چیده‌اند! صابونچی، که از همه ارشدتر است، لیدر کل گروه است، فرج که از من و محمود ارشدتر است، لیدر دسته دوم است، و محمود که فقط ۱۵ روز از من قدیمی‌تر است، لیدر دسته سوم است. و من هم لیدر دسته پروازی آخر."

این توجه به ارشدیت، گرچه رسمی و منطقی است، در عین حال نشان‌دهنده نوعی نظم و احترام به تجربه و سابقه در نیروی هوایی است. با این حال، هر کدام از ما، بی‌توجه به ترتیب یا رتبه، آماده‌ایم که با همبستگی و دقت، مأموریت را به بهترین شکل انجام دهیم و با اطمینان به یکدیگر، به هدفی مهم و راهبردی دست پیدا کنیم.

زمان روی هدف ساعت یک بعد از ظهر روز بعد تعیین شده بود. حدود ساعت ۱۰ صبح، همه ما در اتاق جنگ دور میز بزرگی نشسته و منتظر شروع توجیه مأموریت هستیم. سرهنگ صابونچی، لیدر دسته، با دقت برنامه حمله را مرور می‌کند. او از روی نقشه‌ای که در دست داشت و مسیری را که قرار بود طی کنیم با جزئیات توضیح میدهد. مسیر انتخابی او شامل الحاق به هواپیمای تانکر برای بنزین‌گیری در هوا بود و طرح حمله از جنوب به شمال را پیشنهاد می‌کرد. او با خودکارش به رودخانه‌ای در مسیر اشاره میکند و میگوید: "ما بر فراز این رودخانه پرواز می‌کنیم که سطحش پایین‌تر از ساحل اَنست. اینطور رادارهای عراق نمی‌توانند ما را شناسایی کنند." این پیشنهاد به ظاهر هوشمندانه، و نقشه‌ای دقیق برای نفوذ به منطقه و انجام مأموریت بود.

پس از ارائه نقشه و مسیر پیشنهادی، سرهنگ صابونچی نظر ما را درباره مسیر خواست. من به رشته‌کوه‌های شمال هدف اشاره کردم و گفتم: "جناب سرهنگ، ما اگر از شمال حمله کنیم، نیازی به بنزین‌گیری در مسیر نیست. این رشته‌کوه‌ها به ما پوشش لازم را می‌دهند و از دید رادار کرکوک نیز در امان خواهیم بود." پیشنهاد من، امکان ورود مستقیم به منطقه هدف را با صرفه‌جویی در زمان و سوخت فراهم می‌کرد.

شادروان محمود اسکندری نیز از پیشنهاد من حمایت کرد و گفت: "جناب سرهنگ، پوررضایی درست میگه." در حالی که سرهنگ صابونچی به عنوان پیش‌کسوت و لیدر می‌توانست نظر ما را رد کرده و مسیر خود را تأیید کند، اما در کمال تعجب من، او با روی گشاده پاسخ داد: "هیچ اشکالی نداره. شما چهارتا مسیر خودتون رو پرواز کنید، فقط حواستون باشه که سر زمان روی هدف باشید."

این تصمیم انعطاف‌پذیری و روحیه همکارانه او را نشان می‌داد و احترامی که او برای تجربه خلبانان دیگر قائل بود.

چهار فروند اول طبق نقشه و از مسیر تعیین‌شده توسط صابونچی به پرواز درآمدند. با محاسبه دقیق، ما نیز در زمان مناسب بلند شدیم تا طبق برنامه به هدف برسیم. همین که سنندج را پشت سر گذاشتیم و هنوز مایل‌ها در خاک خودمان بودیم، محمود برای اجتناب از شناسایی توسط رادارهای دشمن به ارتفاع بسیار پایین فرود آمد و شروع کرد به پرواز زیگزاگ در دره‌ها. حفظ دیدن او برایم دشوار بود؛ با اینکه مرتب از کابین عقبم می‌پرسیدم که پورفرزانه کجاست، اما تمام توجهم به محمود بود که ناگهان وارد دره‌ای دیگر می‌شد و از دیدم خارج می‌گشت.

این لحظات، تلفیقی از هیجان و آمادگی برای رسیدن به هدف بود؛ مأموریتی که می‌دانستیم به یکدلی، دقت و هماهنگی بی‌نظیری نیاز دارد.

بالاخره وارد خاک عراق شدیم. من که دو سه مایل پشت محمود بودم، متوجه شدم او به جای سمت ۳۰۵ درجه، با سمت ۳۳۰ درجه پرواز می‌کند. چند لحظه‌ای سکوت کردم تا ببینم آیا مسیرش را اصلاح می‌کند یا نه؛ اما او همچنان همان سمت ۳۳۰ را ادامه می‌داد. گرچه باید سکوت رادیویی را رعایت می‌کردم، مجبور شدم بگویم: "محمود، داری اشتباه میری."

محمود کمی به چپ گردش کرد، اما دیدم مشکل حل نشده؛ فهمیدم که دستگاه ناوبری‌اش پس از آن همه پرواز زیگزاگ، درست کار نمی‌کند. دوباره گفتم: "محمود، بگرد سمت ۳۰۵؛ داری اشتباه میری." محمود بالاخره متوجه شد و سمتش را به ۳۰۵ درجه اصلاح کرد.

ناگهان، به جای علی که لیدر همه ما بود، صدای برات‌پور بلند شد: "بچه‌ها، این‌قدر حرف نزنید که همه‌مون رو به کشتن می‌دیدها!" خنده‌ام گرفت و به کابین عقبم گفتم: "فرج عصبانی شده."

برات‌پور حق داشت؛ چرا که دشمن با شنود مکالمات رادیویی می‌توانست –

جلیل پوررضائی

حضور هواپیماهای مهاجم را در خاک خود شناسایی کند.

دقایقی بعد، چهارتای ما به آخرین نقطه شناسایی، که پلی بود،
رسیدیم و از آنجا مستقیم به سمت تلمبه‌خانه نفت حرکت کردیم. سرعت
را به ۵۰۰ نات، معادل حدود ۹۰۰ کیلومتر در ساعت، افزایش دادیم و با
هیجان به سمت هدف پیش رفتیم. چیزی را که حساب نکرده بودیم، این
بود که چهار فروند ما باید اندکی پس از چهار فروند اول به هدف
می‌رسیدیم، چون هر هشت فروند همزمان روی هدف ظاهر شدیم. نتیجه
این شد که از دو سوی مخالف، از شمال به جنوب و از جنوب به شمال،
بمباران را شروع کردیم.

صحنه هیجان انگیز و فوق العاده خطرناکی بود؛ هر جا که نگاه
می‌کردی، یک فانتوم در حال بمباران تلمبه‌خانه بود و فضای اطراف پر از
هواپیماهای ما بود. واقعاً یک معجزه بود که هیچکدام با هم برخورد نکردیم.
همان لحظه که بمب‌هایم را رها میکردم، به کابین عقبم گفتم: "بیچاره پدافند
عراق قاطی کرده که کدوم هواپیما رو بزنه!"

پس از انجام موفقیت‌آمیز مأموریت، هر هشت فروند به سلامت در
پایگاه شاهرخی فرود آمدیم. بعد از پیاده شدن و بررسی هواپیمایم،
سوراخی به قطر پنج سانتیمتر در باک بنزین خارجی که خالی بود، دیده
میشد. معلوم بود یکی از گلوله‌های پدافند عراق به آن اصابت کرده بود.
اینطور آسیب‌ها دیگر برای همه ما بسیار عادی شده بود و کسی تعجب
نمی‌کرد.

بعد از نشستن، همگی به پست فرماندهی رفتیم و با اشتیاق به تماشای
فیلم‌هایی که دوربین‌های جلو، عقب، و دماغ هواپیماهایمان ثبت کرده بودند،
نشستیم. دوربین عقب هواپیمای من جهنمی از آتش و دودی را که بر اثر اصابت
بمب‌های من و هواپیماهای جلوئی ایجاد شده بود، نشان می‌داد؛ اما تصاویر
دوربین دماغ هواپیمای لیدر ما، علی صابونچی، دیدنی و پرهیجان‌تر از همه بود.

علی صابونچی پس از بمباران هدف، در مسیر برگشت خود یک
پاسگاه بتون آرمه عراقی را می‌بیند. او آن پاسگاه را به مسلسل می‌بندد. -

۱۲۲

ناگهان آن پاسگاه مانند آنکه یک بمب سنگین بر روی آن رها کرده باشند منفجر میگردد، و قارچی از آتش و دود به آسمان برمیخیزد . این صحنه تماشایی باعث شد که همه ما بی‌اختیار دست بزنیم و برای علی صابونچی هورا بکشیم .

به نظر می‌رسید که این پاسگاه، در واقع یک انبار مهمات عراقی‌ها بود، و به گمان من، گلوله‌های علی از پنجره‌ای به داخل آن نفوذ کرده بودند. همان‌طور که اشاره کردم، ساختمان اصلی از بتون آرمه ساخته شده بود، و گلوله‌های ۲۰ میلیمتری ما نمی‌توانستند به راحتی دیوارهای بتنی آن را تخریب کنند. اما گویا این گلوله‌ها از مسیری درست وارد شده و به مهمات داخل پاسگاه اصابت کرده بودند که انفجار سهمگینی را بهمراه داشت.

٭٭٭٭٭

جلیل پوررضائی

عملیات والنصر

دی ماه ۱۳۵۹

جنگ، علی‌رغم وساطت‌های کشورهای مختلف، همچنان ادامه دارد. برای تقویت و آماده‌سازی خلبانان جدید فانتوم جهت شرکت در عملیات رزمی، گردان تازه‌ای توسط مدیریت آموزش‌های نیروی هوایی در پایگاه نهم شکاری بندرعباس تشکیل می‌شود. فرماندهی این گردان به صورت چرخشی و ماهانه توسط فرماندهان گردانها و خلبانان ارشد از پایگاه‌های درگیر در جنگ تأمین می‌گردد.

اولین فرمانده این گردان، سرگرد خلبان شادروان محمود اسکندری بود. پس از او، سرگرد خلبان شادروان حسن قهستانی به بندرعباس رفت و فرماندهی گردان را برعهده گرفت. در اوایل اسفند ۱۳۵۹، به من مأموریت داده شد تا حسن را تعویض کنم و فرماندهی را به عهده بگیرم.

بامداد یک روز جمعه، با یک فروند هواپیمای سی-۱۳۰ به همراه همسر و فرزندانمان در فرودگاه بندرعباس فرود آمدیم. همان غروب، همراه با هما، همسرم، و فرزندانم پرند و پورنگ، در بالکن مهمانسرا ایستاده بودیم و از منظره تنگه هرمز و آرامش دلپذیری که در آنجا حاکم بود لذت می‌بردیم. در همین حال، ناگهان حسن را دیدم که با لباس پرواز و ساک به دست از مهمانسرا خارج می‌شود.

پرسیدم: "سلام حسن، کجا داری می‌ری؟"

پاسخ داد: "دارم میرم شاهرخی."

با تعجب گفتم: "مگه قرار نیست منو درباره مسائل گردان توجیه کنی؟"

با لبخند همیشگی خود، جواب داد: "خودت مسائل اینجا رو بهتر میدونی." سپس، با نگاهی به چند نفری که در همان نزدیکی ایستاده بودند، -

۱۲٤

به آرامی افزود: "خبرش رو خودت بعداً خواهی شنید."

این جمله و نگاه حسن، حس کنجکاوی مرا برانگیخت، اما به جای پرسیدن سوالی دیگر، ترجیح دادم به او بگویم: "مواظب خودت باش."

حسن با دست تکان دادن و نگاهی کوتاه، خداحافظی کرد و به سمت ترمینال هواپیماهای حمل ونقل حرکت کرد.

فردای آن روز از رادیو شنیدم که نیروی زمینی ارتش و سپاه پاسداران عملیاتی را با نام "والنصر" در جنوب اهواز علیه دشمن آغاز کرده‌اند. غروب همان روز نیز، در گفتگو با دوستی در پایگاه شاهرخی، خبر تلخی را شنیدم؛ سرگرد خلبان شادروان حسن قهستانی، که در مأموریتی برای پشتیبانی از عملیات "والنصر" به پرواز درآمده بود، هرگز بازنگشت.

حسن، با آن لبخند و چهره پر از امید و انرژی، همچون زنده‌ای در برابر چشمانم ظاهر شد و اشک بی‌اختیار در چشمانم حلقه زد.

بعداً مشخص شد که در جریان عملیات "والنصر"، نیروی زمینی عراق یک استراتژی دفاعی را به شکل "نعل اسب" طراحی کرده بود. انحنای قسمت محدب این نعل اسب به سمت نیروهای سپاه پاسداران قرار داشت. عراقی‌ها نیرویی کوچک را در این قسمت مرکزی، و دو نیروی بسیار قوی‌تر را در دو سر نعل مستقر کرده بودند.

وقتی واحدهای کوچک عراقی در قسمت میانی با حمله سپاه مواجه شدند، به ظاهر شکست خوردند و شروع به عقب‌نشینی کردند. فرماندهان سپاه، بی‌توجه به هشدارهای فرماندهان نیروی زمینی ارتش که این تاکتیک ممکنست یک تله باشد، سرمست از پیروزی، با شور و شوق به تعقیب نیروهای به ظاهر شکست‌خورده عراق پرداختند.

با عقب‌نشینی آن نیروی کوچک عراقی، دو نیروی بزرگتر عراق پیشروی کرده و با بهم رسیدن در پشت نیروهای سپاه، آرایش نعل اسب اول را معکوس کردند. به این ترتیب، نیروهای ما در محاصره کامل قرار –

گرفتند و صدها تن از جوانان رشید کشورمان در این حلقه محاصره، کشته و یا اسیر شدند.

در این عملیات سنگین، پایگاه‌های هوایی شاهرخی، وحدتی، امیدیه، و بوشهر نیز چندین هواپیما از دست دادند و شجاعان بسیاری به پرواز ابدی شتافتند. شادروان حسن قهستانی نیز یکی از این از دست‌رفتگان گرانقدر بود که یادش به‌عنوان یکی از خلبانان دلیر و فداکار کشور، برای همیشه در دل‌ها و خاطرات ما باقی خواهد ماند.

٭٭٭٭٭

بمباران نیروگاه برق الناصریه

مدت مأموریتم در پایگاه نهم شکاری بندرعباس به پایان رسید، و بهمراه هما و بچه‌ها به پایگاه شاهرخی بازگشتیم. پس از چند مأموریت پشتیبانی هوایی برای حمایت از نیروهای زمینی، این بار مأموریتی ویژه به من سپرده شد: با دو فروند اف-۴، نیروگاه برق الناصریه عراق را بمباران کنیم.

استراتژی جدید از چند ماه پیش آغاز شده بود: گویا گروه طرح عملیات نیروی هوایی به این نتیجه رسیده بود که بمباران پالایشگاه‌های نفتی عراق کافی است و باید نیروگاه‌های برق دشمن را هدف قرار دهیم. در همین راستا، سرهنگ خلبان منصور ناصری مأموریت یافت که از نیروگاه برق الناصریه عکس هوایی بگیرد. پس از تهیه این عکس‌ها، مأموریت اول بمباران نیروگاه به سرگرد خلبان شادروان محمود اسکندری سپرده شد، که به همراه چهار فروند اف-۴ عازم شدند. اما در آن مأموریت، بمب‌های همگی به ترانسفورماتورهای پشت نیروگاه اصابت کرده بودند و به ژنراتورهای اصلی نیروگاه آسیبی نرسیده بود. من که عکس‌های بعد از بمباران را دیده بودم، تا مدتی سر به سر محمود می‌گذاشتم و می‌گفتم که چرا شما سیم‌کشی‌های برق مردم بیچاره عراق را پاره پاره کردید، و او هم با لحن طنزآمیز و پاسخ‌های شوخ، جوابم را می‌داد.

دو یا سه ماه پس از آن مأموریت نخست، دقیقاً همان مأموریت بمباران دوباره به پایگاه ما و به گردانی که در شاهرخی تحت فرماندهی من بود، محول شد؛ با این تفاوت که این بار حمله تنها با دو فروند اف-۴ صورت می‌گرفت. نیروگاه برق الناصریه در ده مایلی شمال شرقی پایگاه هوایی الناصریه واقع شده بود که خود یکی از بزرگترین پایگاه‌های هوایی عراق بشمار میرفت.

پس از یک محاسبه سریع، متوجه شدم که سوخت هواپیما کافی نیست و باید در مسیر پرواز، در هوا سوخت‌گیری کنیم. این مسئله را به اطلاع رئیس عملیات رساندم، و او گفت که می‌توانیم از همان هواپیمای سوخت‌رسانی که در اختیار هواپیماهای گشت رزمی هوایی قرار دارد، سوخت‌گیری کنیم.

در این مأموریت، ستوان یکم خلبان عباس اکبری در کابین عقب هواپیمای من قرار داشت، و ستوان یکم خلبان رحیم پورفرزانه، به عنوان خلبان هواپیمای شماره دو، در بال من پرواز می‌کرد. متأسفانه نام خلبان کابین عقب او را به یاد ندارم.

پیش از پرواز، عکس‌های هوایی که سرهنگ ناصری از نیروگاه برق گرفته بود را به دقت مطالعه کردم. متوجه شدم که او از غرب نیروگاه به سمت شرق و از فاصله تقریباً پنج مایلی اقدام به عکس‌برداری کرده و تمام جزئیات به وضوح در تصاویر مشخص بود. بنابراین، تصمیم گرفتم دقیقاً همان مسیر را برای حمله انتخاب کنم. مسیری را در نظر گرفتم که ابتدا از شمال پایگاه هوایی وحدتی می‌گذشت و سپس به فاصله بیست مایلی شمال هدف می‌رسید و در نهایت به نقطه‌ای در حدود پانزده مایلی غرب نیروگاه منتهی می‌شد. از آنجا مسیر ناصری را به سمت نیروگاه دنبال می‌کردیم.

هواپیماهای ما هر کدام مجهز به شش بمب MK-82 بودند که وزن هر کدام ۵۰۰ پوند است و می‌بایست رأس ساعت یک بعدازظهر، نیروگاه را بمباران می‌کردیم.

ساعت ۱۱:۴۵، هر دو فروند به پرواز درآمدیم و پس از اوج‌گیری به ارتفاع ۱۸۰۰۰ پا رسیدیم. با هدایت رادار سوباشی، اکبری، کابین عقب من، موفق شد هواپیمای سوخترسان را که در فاصله ۲۰ مایلی قرار داشت، روی اسکوپ رادار خود پیدا کند.

با سرعت به سمت تانکر، که یک بوئینگ ۷۰۷ بود، نزدیک شدیم. پورفرزانه در فاصله هزار پا از بال راست سوخترسان قرار گرفت و من نیز هواپیمایم را در فاصله مشابهی، در دم هواپیمای تانکر، مستقر کردم.

به تدریج، فاصله خود را با تانکر کمتر کردم. چراغهای تعبیه شده در زیر شکم بوئینگ ۷۰۷ به من علامت می‌داد که کمی ارتفاع بگیرم و به دستگاه سوخترسان که از دم تانکر آویزان بود، نزدیک شوم.

با کمی جلو رفتن و افزایش ارتفاع، چراغ دیگری روشن شد که به –

من فرمان داد موقعیت فعلی هواپیمایم را نسبت به تانکر ثابت نگه دارم. پس از اینکه فاصله بین ما و بوئینگ ۷۰۷ به حالت پایدار رسید، متخصص سوخترسان که در داخل دم تانکر مستقر بود، دستگاه سوخترسان را به دقت به سمت دریچه سوختگیری ما هدایت کرد.

این لحظه‌ای حساس و حیاتی بود؛ کوچکترین تغییر در موقعیت هواپیما می‌توانست فرآیند سوخت‌گیری را به خطر بیندازد.

سوختگیری هوائی با فانتوم

ماخذ عکس: دانشنامه آزاد ویکی پیدیا

Photo Source: Wikipedia, the free Encyclopedia

Link: https://commons.wikimedia.org/wiki/File:Irani_F-4_Phantom_II_refueling_through_a_boom.jpg

پس از آنکه هر دو فروند سوختگیری را به پایان رساندیم، برای تشکر و خداحافظی، دکمه رادیو را دوبار به‌صورت مقطع فشار دادم. سپس ارتفاع را کاهش دادیم و به سمت اولین نقطه شناسایی خود حرکت کردیم. وقتی از شمال پایگاه وحدتی عبور میکردیم و هنوز در داخل خاک خود بودیم، دیدم که طوفان شن و گرد و غبار، تمامی جنوب عراق را در برگرفته است.

به اکبری، کابین عقبم، وضعیت دید کم را اطلاع دادم و با خودم فکر کردم که شاید بهتر باشد به دلیل کاهش دید، مأموریت را ناتمام بگذاریم و به شاهرخی بازگردیم. اما در همان لحظه، فکری دیگر به ذهنم خطور کرد: "این طوفان شن، دید دشمن را نیز مختل می‌کند و احتمالاً پدافندشان نمی‌تواند به راحتی ما را ببیند. علاوه بر این، این وضعیت، صفحه رادارهای آنها را پر از پارازیت کرده و شناسایی ما را برایشان دشوار خواهد کرد."

این تصمیم را با اکبری در میان گذاشتم و مصمم شدم که مأموریت را ادامه دهیم. پس از ورود به خاک عراق، شماره دو، که باید فاصله ۳۰۰۰ پایی از من را حفظ می‌کرد، به دلیل دید کم به ۱۰۰۰ پایی نزدیک شد تا بتواند هواپیمای مرا بهتر دنبال کند.

به سمت نیروگاه برق، هدف اصلی، حرکت کردیم و از بیست مایلی شمال آن، با رعایت همان مسیری که منصور ناصری برای عکس‌برداری طی کرده بود، به طرف نیروگاه رفتیم. با اینکه دید افقی همچنان ضعیف بود، اما دید عمودی به‌گونه‌ای بود که تمام ویژگی‌ها و نقاطی را که در عکس‌های ناصری دیده بودم، می‌شناختم و دقیقا همان مسیر را دنبال می‌کردم.

حدود چهار یا پنج مایلی مانده به نیروگاه، ناگهان پرسنل پدافند عراقی را دیدیم که به‌سرعت از زمین والیبال به سمت توپهای خود می‌دویدند. صحنه آنقدر عجیب بود که خنده‌ام گرفت و به اکبری گفتم: " توپچی‌ها رو دیدی که از وسط بازی والیبال، چطور سراسیمه به طرف توپهاشون می‌دوند؟"

او هم خندید و جواب داد: "آره، دیدم!"

بعدها که یکی از خلبانان پایگاه هوایی الناصریه را به اسارت گرفتیم، او برایمان تعریف کرد که در همان روز بمباران نیروگاه، به دلیل دید کم و طوفان شن، پروازی انجام نمیشد. شاید به همین علت بود که توپچیها و نیروهای پدافند انتظار حمله هوایی را نداشتند و غافلگیر شدند.

پس از طی مسافتی، ساختمان اصلی نیروگاه برق دقیقاً در برابر دماغه هواپیمایم نمایان شد. از پورفرزانه، خلبان شماره دو، پرسیدم: "شماره ۲، هدف رو داری؟" او با اطمینان جواب داد: "بله، هدف رو دارم."

با توجه به تجربه بمباران قبلی که در آن دسته پروازی به رهبری محمود اسکندری بجای اتاق کنترل نیروگاه، ترانسفورماتورها را بمباران کرده بودند، این بار تصمیم گرفتم با ایجاد تغییری کوچک، دقت بمباران را افزایش دهم. به جای آنکه بمبها را دقیقاً زمانی که دستگاه نشانه روی هواپیما روی هدف قرار دارد رها کنم، آنها را کمی زودتر رها کردم تا مطمئن شوم که دستکم دو یا سه بمب به اتاق کنترل اصابت کنند.

اما بلافاصله پس از رها کردن بمبها، با تعجب دیدم که مسیر هواپیمایم مستقیم به سمت دودکشهای آن طرف ساختمان نیروگاه میرود. در یک واکنش سریع، دسته فرامین را کمی به عقب کشیدم، و با سرعت پانصد نات، این حرکت کافی بود تا هواپیما بهسرعت به ارتفاع دو یا سه هزار پا اوج بگیرد؛ ارتفاعی که اصلاً در برنامهام نبود. بهمحض بالا رفتن، دستگاههای هواپیما بلافاصله جستجوی رادارهای دشمن را تشخیص دادند و این یعنی ریسک شناسائی و مورد هدف قرار گرفتن بتوسط توپهای ضدهوائی، یا موشکهای دشمن.

چارهای نداشتم جز اینکه سریعاً هواپیما را به پشت خود برگردانم تا بتوانم با سرعت ارتفاعم را کاهش داده و از دید رادار دشمن خارج شوم. این حرکت اضطراری، با همه هیجانش، کمک کرد تا از خطر شناسایی بگریزیم و همچنان مأموریت را به نتیجه برسانیم.

وقتی بسلامت به خاک خودمان بازگشتیم، با پورفرزانه هر دو –

هواپیماهایمان را بررسی کردیم. خوشبختانه هواپیمای من سالم بود، اما در سطح باک بنزین خارجی هواپیمای رحیم شکافی به ابعاد ٤ در ٢٠ سانتیمتر دیده میشد. این آسیب، ناشی از پدافند دشمن نبود، بلکه به دلیل نزدیکی بیش از حد او به من، ترکش بمبهای من، و یا تکه پاره‌های ساختمان نیروگاه به هواپیمای او اصابت کرده بود.

این مأموریت، ترکیبی از تصمیمات لحظه‌ای، غافلگیری دشمن، و دقت در جزئیات بود که هر بار در این پروازها تجربه و مهارت ما را به چالش می‌کشید.

بررسی فیلم‌های مأموریت نشان داد که حدود ٧٥ درصد خسارت به نیروگاه برق وارد کرده‌ایم. نکته جالب این بود که هم دوربین فیلم‌برداری مسلسل پورفرزانه و هم دوربین‌های فیلم‌برداری عقب هواپیمای من، لحظات هیجان انگیزی را ثبت کرده بودند؛ اولین بمب من کمی کوتاه تر و به یک مخزن گاز اصابت کرد که بلافاصله منفجر شد. دو بمب دقیقاً به ساختمانی که ژنراتورها در آن قرار داشتند برخورد کردند، و بقیه بمبها به همان ترانسفورماتورهائی اصابت کردند که در مأموریت قبلی توسط بمب‌های محمود و همراهانش هدف گرفته شده بودند.

هواپیمای پورفرزانه مجهز به دوربین‌های فیلم‌برداری در جلو و عقب نبود، اما وقتی از او درباره نتایج پرتاب بمبهایش پرسیدم، او تأیید کرد که بمبهای او نیز به ساختمان ژنراتورها اصابت کرده است.

موفقیت این مأموریت به قدری تأثیرگذار بود که معاون عملیات نیروی هوایی، سرهنگ خلبان شادروان بهرام هوشیار، دستور داد فیلم‌های ضبط شده توسط دوربین‌ها به تهران ارسال شود تا فرمانده نیروی هوایی نیز این تصاویر را مشاهده کند و به نتایج این عملیات پی ببرد.

*****

بمباران پل الحفائیه

پس از چند مأموریت پشتیبانی هوایی دیگر برای حمایت از نیروهای زمینی، این بار مأموریتی ویژه به من سپرده شد؛ با دو فروند هواپیما، پل الحفائیه را که به‌عنوان یکی از پل‌های استراتژیک عراق شناخته می‌شد، منهدم کنیم. هدف از این عملیات، قطع خطوط تأمین آذوقه و مهمات دشمن برای نیروهای خط مقدم بود. زمان بمباران روی هدف برای ساعت ۷ صبح تعیین شده بود، و هر هواپیما به شش بمب ۷۵۰ پوندی مجهز بود.

در این مأموریت، ستوان یکم خلبان حسن لقمانی نژاد در کابین جلو و ستوان یکم خلبان شادروان حسین روزی طلب در کابین عقب او، به‌عنوان شماره دوی من در این پرواز بودند.

مسیر پرواز را طوری انتخاب کردم که از شاهرخی به شوشتر در جنوب پایگاه وحدتی و از آنجا به دهکده کوچکی در ساحل دریاچه‌ای در خاک عراق ختم می‌شد، و در نهایت به پل می‌رسیدیم. هنگام طلوع آفتاب، از شاهرخی پرواز کردیم و پس از رسیدن به نزدیکی شوشتر، ارتفاع خود را تا حدود ۱۰۰ پا کاهش دادیم تا به‌دلیل مسطح بودن منطقه جنوب دزفول، از دید رادار وحدتی و رادارهای دشمن در امان بمانیم. آسمان صاف بود و هوا عالی، بطوری که همه چیز از مایل‌ها دورتر به‌خوبی دیده می‌شد.

اما قلبم سنگین و دلم پر از اندوه بود. از جنگ بیزار بودم، اما وظیفه‌ای جز دفاع از وطن نداشتم. هر روز خبر از دست دادن دوستانم می‌رسید و تحمل این غم‌ها روز به روز دشوارتر می‌شد. تا اینکه به دریاچه رسیدیم.

در نزدیکی نیزارهای ساحل دریاچه، قایقرانی را دیدم که به آرامی پارو می‌زد، و دو قوی سفید و زیبا، که با شنیدن صدای وحشتناک موتورهای جت ما، هراسناک هر کدام به سوئی گریختند. در همان لحظه با خود گفتم: "خدایا، من آرامش این قوها را به هم زدم." و گرمی اشکی را در چشمانم احساس کردم، اما در دل جنگ، جایی برای ماندن در این حس نبود. چند دقیقه بعد، فارغ از اندوه، به ارتفاع بالا اوج گرفتم و همراه با شماره دوی خود، پل الحفائیه را با دقت بمباران کردیم.

در مسیر برگشت لقمانی نژاد بمن اطلاع داد که فشار یکی از سیستمهای هیدرولیک هواپیمای او صفر است. با خود فکر کردم که ممکنست لوله های هیدرولیک هواپیمای او بعلت اصابت ضد هوایی دشمن صدمه دیده باشد، و یا اینکه از میان ترکش بمبهای هواپیمای من عبور کرده است.

به لقمانی نژاد گفتم که، " به مسیرت بطرف پایگاه ادامه بده تا من زیر هواپیمات رو نگاه کنم." در این زمان وارد خاک ایران شده، و در حال اوجگیری به ارتفاع بالا بودیم.

در حال اوجگیری به اتفاق خلبان کابین عقب خویش همه اطراف هواپیمای لقمانی نژاد را بازرسی کردیم.

هواپیمای لقمانی نژاد سالم سالم و خشک بود، و اثری از هیدرولیک۱ که به رنگ قرمز هست در سطح آن بچشم نمیخورد.

به شماره دو اطلاع دادم که هواپیمایش سالم هست و اثری از هیدرولیک در سطوح آن دیده نمیشود.

به رادار تقرب شاهرخی، و سپس به برج کنترل اعلام کردم که شماره دو بعلت نداشتن فشار هیدرولیک، فرود اضطراری خواهد نمود و کابل نگهداشتن هواپیما را وصل کنند.

---

۱) واضح بود که یکی از پمپ‌های هیدرولیک هواپیمای شماره دو از کار افتاده است. این نوع نقص فنی در هواپیماهای اف-٤ مسبوق به سابقه بود. در چنین شرایطی، سیستم پایین و بالا دادن چرخ‌های فرود و ترمزهای هواپیما از کار می‌افتد. با این حال، خلبان می‌تواند با استفاده از سیستم هوای فشرده، چرخ‌های هواپیما را پایین بیاورد. در فرودگاه نیز، کابل فلزی ضخیمی در ابتدای باند و به صورت عرضی به دستگاهی متصل می‌شود. خلبان، هواپیمای خود را جلوتر از این کابل روی سطح باند فرود می‌آورد و با قلابی که از دم هواپیما آویزان است، کابل را می‌گیرد. این روش باعث می‌شود هواپیما در مسافت بسیار کوتاهی متوقف شود. چنین فرودی بر روی باند، شباهت زیادی به فرود هواپیماها بر روی ناوهای هواپیمابر دارد.

چون با فرود هواپیمای شماره دو، باند پروازی برای مدتی بسته می‌شد، ابتدا من فرود آمدم. پس از فرود، هواپیمایم را در مقابل یکی از آشیانه‌ها متوقف کردم و به نظاره نزدیک شدن هواپیمای لقمانی‌نژاد به باند نشستم. زاویه فرود او مناسب بود؛ چرخ‌ها، فلاپ ها و قلاب دم هواپیمایش پایین بودند و چراغهای پرنور فرود هم روشن بود.

لقمانی‌نژاد هواپیمایش را حدود دویست تا سیصد پا جلوتر از کابل به آرامی روی باند نشاند و بلافاصله قلاب دم به کابل گیر کرد. اما قبل از اینکه هواپیما کاملاً متوقف شود، در انتهای دم هواپیما جرقه‌ای دیدم که به سرعت به آتش تبدیل شد و در همان لحظه هواپیما از حرکت ایستاد.

معلم خلبانی که در برج کنترل کوچکی در نزدیک باند حضور داشت و همچنین برج کنترل پایگاه، یکی پس از دیگری آتش‌سوزی را به شماره دو اطلاع دادند. می‌دانستم که اکنون لحظات بحرانی است؛ لقمانی‌نژاد و روزی‌طلب باید هرچه سریع‌تر از هواپیما خارج شوند و از دستورالعمل خروج اضطراری۱ پیروی کنند تا جان خود را نجات دهند.

ناگهان دیدم که لقمانی‌نژاد کاناپی کابین جلو را باز کرد و با سرعت از هواپیما بیرون پرید و از آن فاصله گرفت. اما روزی‌طلب در کابین عقب همچنان در حال تکاپو بود؛ سرش را به چپ و راست می‌چرخاند، گویی دنبال راه نجاتی بود. لحظه‌ای بعد، آتش همه هواپیما را در بر گرفت و ناگهان صندلی کابین عقب، همراه با روزی‌طلب، از داخل کابین به آسمان پرتاب شد و سپس در میان شعله ها به زمین بازگشت.

در همین لحظه، ماشین‌های آتش‌نشانی و آمبولانس به صحنه رسیدند، اما دیگر کار از کار گذشته بود.

---

۱) ماهی یکبار از کلیه خلبانان امتحان دستوالعملهای اضطراری بعمل میآمد. خلبانان در صورت کسب نمره ۱۰۰ میتوانستند به پرواز ادامه دهند، و گرنه از پرواز آنان برای مدتی جلوگیری میشد تا مجددا از عهده آزمایش بر آیند.

بمباران پالایشگاه الدوره شرقی

بمحض اینکه فرم گزارش عملیات موفقیت آمیز بمباران پل الحفائیه را به رئیس عملیات تحویل دادم، او بلافاصله فرم ابلاغ مأموریت دیگری را به دستم داد. با شوخی به او گفتم: "فرج، بذار عرقم خشک بشه!"

فرج با لبخند جواب داد: "جلیل، خودت بهتر می‌دونی که کمبود لیدر داریم."

او درست می‌گفت؛ در آن زمان به دلیل تلفات، تعداد لیدرهای پایگاه بسیار محدود شده بود. وقتی فرم ابلاغ مأموریت را مطالعه کردم، متوجه شدم که فردا ساعت یک بعد از ظهر باید با دو فروند اف-٤، پالایشگاه الدوره شرقی عراق را که در جنوب شرقی بغداد قرار داشت، با بمبهای خوشه‌ای بمباران کنیم.

به نقشه مراجعه کردم، اما چیزی به نام پالایشگاه الدوره شرقی روی نقشه نبود. موضوع را به رئیس عملیات اطلاع دادم و گفتم: " فرج، ضمنا پالایشگاه رو که با بمب خوشه‌ای نمی‌زنند! این نوع بمب برای از بین بردن نفرات و خود روها مناسبه."

فرج پاسخ داد: "احتمالاً نقشه‌های ما قدیمی هست و پالایشگاه رو نشون نمیده. می‌تونی با مختصات هدف، خود پالایشگاه رو پیدا کنی. در مورد نوع بمب هم، عملیات ستاد این بمبها رو تعیین کرده و ما نمی‌تونیم تغییرش بدیم."

در اتاق جنگ، مشغول آماده کردن نقشه بمباران بودم که دیدم سرگرد خلبان شادروان محمود اسکندری نیز مأموریت دارد. او قرار بود فردا با ستوان یکم خلبان حسن لقمانی‌نژاد، با دو فروند اف-٤، رأس ساعت یک بعدازظهر پادگان التاجی نیروی زمینی عراق را که در حدود ١٥ مایلی شمال بغداد قرار داشت، بمباران کنند.

بعد از آن، خلبان کابین عقب خود و سپس خلبان شماره دو، ستوانیکم –

خلبان حسینعلی ذوالفقاری، و کابین عقبش را پیدا کردم و به همه ابلاغ نمودم که فردا رأس ساعت ده صبح برای شرکت در جلسه توجیهی این مأموریت در اتاق جنگ حاضر باشند.

آن شب روی کاناپه‌ای دراز کشیده بودم و به اخبار بی‌بی‌سی گوش می‌دادم. گوینده گزارش می‌کرد که تمامی تلاش‌های دولت‌های مختلف برای پایان دادن به جنگ ایران و عراق مورد پذیرش دولت جمهوری اسلامی ایران واقع نشده و جنگ بین این دو کشور همچنان بدون هیچ چشم‌اندازی برای پایان ادامه دارد. در همان حال، نگاهی به همسرم هما که مشغول آماده کردن شام بود، و به پرند و پورنگ که در نور کم سوی شمعی در گوشه اتاق مشغول بازی بودند، انداختم. بی‌اختیار به یاد هزاران زن و کودک ایرانی افتادم که به دلیل این جنگ خانمان سوز، آواره و بی‌خانمان شده و در نهایت تنگدستی، سرما و گرما در چادرها زندگی می‌کردند.

آن شب نیز، مانند شب‌های دیگر، پدافند پایگاه با تیراندازی‌های بیهوده به هر شیء مشکوک، مانع شد که حتی چند ساعتی راحت بخوابیم.

صبح زود، با وجود رنجی که از کم خوابی می‌بردم، از خواب بیدار شدم و با یک دوش آب داغ، سر حال آمدم. پرند و پورنگ هنوز در خواب بودند. صبحانه‌ای که هما با محبت آماده کرده بود، با اشتها خوردم و پس از خداحافظی از او، سوار جیپ سازمانی شده و به سمت پست فرماندهی حرکت کردم.

چند دقیقه بعد، جیپ را در پارکینگ پست فرماندهی پارک کردم و با گفتن رمز عبور، نگهبان درب سنگین ورودی را برایم باز کرد. به محض ورود به پست فرماندهی، مستقیم به اتاق جنگ رفتم و قسمتی از مرز ایران و عراق را که باید از آن حدود وارد خاک عراق می‌شدیم، بررسی کردم.

در سراسر آن منطقه از مرز، نیروهای زمینی هر دو طرف گسترده شده بودند. بالاخره پس از بررسی دقیق، بخشی از خط مرزی را پیدا کردم که طبق اطلاعات افسر اطلاعات عملیات، صعب‌العبور بود و احتمالاً نیروهای کمتری در آن حوالی مستقر بودند.

هماهنگی با نیروهای خودی یکی از مشکلاتی بود که در تمام طول جنگ، نیروی هوایی ما با آن دست‌وپنجه نرم می‌کرد. هرگز نتوانستیم به طور کامل به نیروهای زمینی تفهیم کنیم که نباید به سمت هواپیماهای خودی تیراندازی کنند. اغلب خلبانان بیش از دشمن، از پدافند خودی بیم داشتند؛ به قول معروف، نیروهای زمینی ما "دوست و دشمن سرشان نمیشد!"

برای حمله، مسیری را طراحی کردم که از جنوب به بغداد نزدیک شویم و سپس به پالایشگاه الدوره شرقی، که درست در حاشیه جنوبی بغداد قرار داشت، حمله کنیم. همه محاسبات با دقت انجام شد؛ از لحظه‌ای که مرز ایران و عراق را قطع می‌کردیم تا زمان رهاسازی بمب‌ها، حدود ده دقیقه طول میکشید.

رأس ساعت ۱۰ صبح، خلبانان دسته پروازی من در اتاق جنگ بر روی صندلی‌های خود مستقر شدند. ابتدا از همه خواستم نقشه‌های خود را با طرحی که آماده کرده بودم، هماهنگ کنند. سپس به شرح جزئیات مأموریت پرداختم. طبق برنامه، شماره دو باید کمی قبل از رهاسازی بمب‌ها، در هزار پائی هواپیمای من قرار میگرفت و پس از اعلام من، بمب‌های خود را رها می‌کرد.

در زمان مقرر، هر دو به پرواز درآمدیم و شماره دو در سه هزار پایی بال راست هواپیمای من قرار گرفت. برای جلوگیری از کشف شدن توسط رادارهای دشمن، قرار بود در ارتفاع حدود پنجاه پایی وارد عراق شویم و پس از عبور از فراز رودخانه دجله، مسیر آن را به سمت پالایشگاه الدوره شرقی دنبال کنیم.

به سرعت از فراز سلسله جبال زاگرس عبور کردیم و دقایقی بعد، بدون حادثه‌ای، وارد خاک دشمن شدیم. آگاهی داشتم که پدافند بغداد شامل طیف وسیعی از تجهیزات پدافندی است؛ توپ‌های ضد هوایی و انواع موشک‌های سام ۲، ۳، ۶، ۷ و ۹ ساخت روسیه، کروتال و رولند ساخت فرانسه.

ـ برای جلوگیری از کشف شدن توسط رادارهای دشمن، ارتفاع پرواز ـ

را به حدود ۵۰ پا بر فراز زمین کاهش دادم. پرواز در این ارتفاع و با سرعت ۵۰۰ مایل در ساعت (بیش از ۹۰۰ کیلومتر در ساعت) به شدت خطرناک بود، اما همین نزدیکی به زمین ما را از دید رادارهای دشمن پنهان نگه می‌داشت.

دستگاه‌های هشداردهنده ما هیچ امواجی از جستجوی رادارها را نشان نمی‌دادند. با نزدیک شدن به هدف، با دقت بیشتری اطراف را زیر نظر گرفتم؛ به جای تصویری که از یک پالایشگاه بزرگ با مخازن متعدد نفت در ذهن داشتم، تنها یکی دو مخزن سوخت و تعدادی دودکش در اطراف دیدم، که به یک پالایشگاه معمولی شباهت نداشت. اما مختصات هدف دقیقاً با همان مختصاتی که در فرم مأموریت ذکر شده بود، مطابقت داشت.

به شماره دو گفتم: "هدف رو می‌بینی؟"

ذوالفقاری به انگلیسی پاسخ داد: "Yes Sir"، یعنی "بله قربان."

دستگاه نشانه روی را بر روی هدف متمرکز کرده و هر دو فروند، تمامی بمب‌های خوشه‌ای خود را بر روی آن رها کردیم. در این زمان ده ها توپ ضد هوایی دشمن بسوی ما آتش گشودند. برای اجتناب از گلوله‌های انبوهی که از بغل گوشمان عبور می‌کردند، با سرعت، چندین گردش تند به چپ و راست انجام دادیم.

پس از آنکه کمی از تیررس توپ‌های ضد هوایی فاصله گرفتیم، با بی‌سیم پرسیدم: "شماره ۲، کجایی؟"

ذوالفقاری پاسخ داد: "ساعت چهار، سه هزار پا."

در همان لحظه، کابین عقب من گفت: "محمود و لقمانی نژاد در ساعت ۳ ما هستند، حدود سه مایل دورتر و تقریباً دو هزار پا بالای سرمان."

پاسخ دادم: "محاله، محمود برای اینکه از دید رادار دشمن پنهان –

بمونه، نمیاد در ارتفاع دوهزار پایی پرواز کنه!" همزمان به همان سمتی که کابین عقب اشاره کرده بود، نگاه کردم. هواپیماهایی که او می‌گفت "محمود و لقمانی نژاد" هستند، در واقع دو فروند میگ ۲۳ عراقی بودند که با حرکات آرام به چپ و راست، موازی مسیر بازگشت ما، در حال گشت بودند. مشخص بود که دشمن از حضور ما در جنوب بغداد مطلع شده و دو فروند میگ ۲۳ را برای رهگیری و انهدام ما فرستاده بود، اما خلبانان میگ هنوز ما را ندیده و در جستجو بودند.

به کابین عقبم گفتم: "دوباره خوب نگاه کن. این‌ها میگ ۲۳ هستند."

جواب داد: "ببخشید جناب سرگرد، آره، میگ ۲۳ هستند."

در این لحظه، تنها وسیله دفاعی ما مسلسل‌های هواپیما بود که برد کوتاهی داشت. در حالی که میگ‌های عراقی با موشک‌های هوا به هوای خود می‌توانستند از فاصله بسیار بیشتری ما را هدف قرار دهند. تنها برتری ما در این وضعیت بحرانی، موتورهای قدرتمند اف-۴ بود که در ارتفاع پایین، نسبت به میگ ۲۳، عملکرد بسیار بهتری داشتند.

به شماره دو موقعیت میگ‌های عراقی را اطلاع دادم و اضافه کردم : "AB on Now"، و هر دو موتور را در پس‌سوز قرار دادم. سپس اندکی قدرت موتورها را کاهش دادم تا شماره دوی من عقب نیفتد. به سرعت و ظرف کمتر از سی ثانیه، آنقدر از میگ‌های دشمن فاصله گرفتیم که دیگر امکان پیدا کردن ما برای آنها بعید به نظر می‌رسید.

چند دقیقه بعد، بدون حادثه ای به خاک ایران رسیدیم و ارتفاع خود را بالا بردیم. در همین زمان، صدای محمود که با لقمانی‌نژاد برای بمباران پادگان التاجی بغداد رفته بودند را شنیدم که با رادار تماس گرفت.

پرسیدم: "محمود، چطور بود"؟

جواب داد: "دنبال ما کرده بودند".

گفتم: "دنبال ما هم همینطور".

شب، وقتی که به اخبار بی‌بی‌سی گوش می‌دادم، گوینده از قول خبرنگار خود در بغداد گزارش می‌داد که هواپیماهای ایرانی امروز یک راکتور اتمی۱ عراق را در جنوب بغداد بمباران کرده‌اند، اما آژیر حمله هوایی ده دقیقه زودتر در بغداد به صدا درآمده بود.

از شنیدن این خبر تعجب کردم؛ هدف ما پالایشگاه الدوره شرقی بود، نه راکتور اتمی. با خودم فکر کردم که با توجه به پرواز در ارتفاع بسیار پایین، تنها دو چیز می‌توانست باعث کشف حضور ما در خاک عراق شود؛ یا دیده‌بانهایی که دشمن در طول مرز مستقر کرده بود، یا هواپیمایی مشابه آواکس، که می‌تواند هواپیماهای ما را در ارتفاع پایین شناسایی کند. در آن زمان، اطلاعی از وجود چنین تجهیزاتی در نیروی هوایی عراق نداشتیم. این مسئله را بعداً در فرم گزارش از پرواز شرح دادم.

* * * * *

---

۱) در برخی سایت‌های مجازی آمده که مأموریت ما در آن روز، بمباران راکتور اتمی تموز یا اوسیراک در جنوب بغداد بوده است، اما این ادعا صحیح نیست؛ در فرم دستور پروازی، هدف ما به‌وضوح پالایشگاه الدوره شرقی ذکر شده بود، نه یک راکتور اتمی.

جلیل پوررضائی

تفنگ اهدائی، و رئیس جمهور فراری

آقای ابوالحسن بنی‌صدر، اولین رئیس‌جمهور ایران، به‌منظور قدردانی از جانفشانی و فداکاری خلبانان هواپیماهای جنگنده نیروی هوایی، دستور داد که به هر یک از آن‌ها یک قبضه تفنگ اهدا شود. به این ترتیب، یک قبضه تفنگ کلاشینکف با دویست تیر فشنگ، به همراه لوحه‌ای زیبا که مُهر ریاست جمهوری در پایین آن دیده می‌شد و هواپیمای فانتومی را در حال بمباران به تصویر می‌کشید، به خلبانان و از جمله به من اهدا شد.

در همان زمان به دوستانم گفتم: "رسم این است که برای قدردانی از زحمات فردی، تفنگ شکاری اهدا کنند، نه تفنگی که مانند یک مسلسل تیراندازی می‌کند."

مدتی از اهدای جوایز توسط رئیس‌جمهور نگذشته بود که اختلافات او با سایر قدرتمندان جمهوری اسلامی بالا گرفت و او ناچار به فرار به فرانسه شد. با روی کار آمدن آقای خامنه‌ای به عنوان رئیس‌جمهور، به طور غیرمنتظره، دستور بازپس‌گیری کلیه تفنگ‌های اهدایی صادر شد. به ما گفتند که این تفنگها مناسب نیستند و نوع دیگری از تفنگ به شما داده خواهد شد، اما این قول هرگز عملی نگشت.

این ماجرا در میان خلبانان به موضوعی طنزآمیز تبدیل شد و می‌گفتند: "دیگر از این خنده‌دارتر نمی‌شود که جایزه‌ای را برای فداکاری در جنگ به رزمنده‌ای اهدا کنند و بعد آن را پس بگیرند!"

❋ ❋ ❋ ❋ ❋

۱٤۲

موج دوم پاکسازیها

تابستان ۱۳۶۰

در این زمان، گردان آموزشی موقتی که در پایگاه نهم شکاری بندرعباس تشکیل شده بود، به پایگاه هفتم شکاری در شیراز منتقل شد، و من مجدداً بعنوان فرمانده آن گردان منصوب شدم. با اینکه حدود نه ماه از آغاز جنگ می‌گذشت، رژیم هنوز اعتمادی به ارتش نداشت.

ناگهان خبر رسید که بیشتر خلبانان باتجربه نیروی هوایی، از جمله تعدادی از فرماندهان پایگاهها، از سمت‌هایشان کنار گذاشته شده، یا بازخرید و بازنشسته شده‌اند. بجای آنها، گروهی از سروانهای خلبان که به "حزب‌اللهی" بودن شناخته می‌شدند، به درجه سرهنگ دومی ارتقا یافته و به سمت فرماندهی پایگاههای مختلف منصوب شدند. هیچ‌کس نمی‌دانست این دستور از کجا آمده و کدام سازمان تصمیم‌گیرنده این تغییرات بوده است!

از آنجا که انتظار می‌رفت این خلبانان جدید به دلیل کمبود تجربه و دانش نظامی نتوانند از عهده فرماندهی پایگاه برآیند، به عنوان تدبیر، جانشین و رئیس عملیات پایگاهها را از میان خلبانان باتجربه و قدیمی‌تر برگزیدند. این انتصابات موجی از نارضایتی را در میان خلبانان باسابقه ایجاد کرد. به دنبال همین انتصابات، خبر رسید که من نیز به سمت جانشین فرماندهی پایگاه هوایی شاهرخی، یعنی معاون فرمانده جدید پایگاه، سرهنگ دوم موقت خلبان شادروان محمود خضرایی، منصوب شده‌ام.

بعنوان خلبانیکه از نظر درجه و سابقه پروازی بمراتب از شادروان خضرایی ارشدتر بودم، برایم دشوار بود که فرماندهی او را بپذیرم. به همین خاطر، با سرهنگ خلبان حسینی، مدیر آموزش‌های عملیاتی، تماس گرفتم و ضمن ابراز نارضایتی از این انتصاب، درخواست کردم که در صورت امکان به پایگاه بوشهر منتقل شوم. فرمانده پایگاه هوایی بوشهر، سرهنگ دوم خلبان شادروان ابراهیم کاکاوند بود. گرچه سابقه پروازی من بیشتر

بود، اما او شش ماه از من ارشدتر بود و همین موضوع همکاری با او را برایم راحت تر میکرد.

سرهنگ حسینی در پاسخ گفت که پایگاه بوشهر به یک رئیس عملیات نیاز دارد و می‌تواند مقدمات انتقال من را به بوشهر فراهم کند. روز بعد، سرهنگ حسینی اطلاع داد که همه چیز هماهنگ شده و حتی با ابی، یعنی سرهنگ ابراهیم کاکاوند، صحبت کرده است، و کاکاوند نیز از خدا می‌خواهد که من به بوشهر بروم.

بعدازظهر جمعه، یازدهم شهریور ۱۳٦۰، همراه با همسرم هما و دو فرزندان خود، پرند و پورنگ، در هوای داغ و طاقت فرسای بوشهر به پایگاه وارد شدیم و به‌صورت موقت در مهمانسرای خلبانان اسکان یافتیم. از همانجا، بدون درنگ، مستقیم به پست فرماندهی رفتم.

*****

پایگاه ششم شکاری (بوشهر)

تاکتیک جدید بمباران

با اختراع هواپیما و سیر تکامل آن، از همان زمانی که هواپیما بعنوان ابزار جنگی مورد استفاده قرار گرفت، توپها و مسلسل‌ها هم برای سرنگونی آنها به کار رفتند. در ابتدا، توپهای ضدهوایی نواخت شلیک پایینی داشتند، اما با افزایش سرعت هواپیماها، توپهای مدرن‌تری ساخته شد که قادر به شلیک با سرعت بالاتر و هدف‌گیری دقیق‌تر در فواصل دورتر بود.

با پیشرفت این توپها، هواپیماهای جنگنده نیز برای فرار از برد مؤثر آنها، ارتفاع پروازی خود را افزایش دادند. در نتیجه، تولیدکنندگان تسلیحات به فکر ساخت سلاح‌هایی افتادند که دقیق‌تر بوده و بتوانند هواپیماها را در ارتفاعات بالاتر و از فواصل دورتر هدف بگیرند. این نیاز، به اختراع موشک‌های ضدهوایی منجر شد.

موشکهای ضد هوایی هدایت شونده‌اند و معمولاً از امواج رادار یا اشعه مادون قرمز برای هدایت آنها استفاده میشود. اختراع موشک‌های ضدهوایی، به تولید دستگاههای گمراه‌کننده منجر شد که روی هواپیما نصب می‌شدند و با ایجاد اختلال، مسیر موشکها را منحرف می‌کردند. با پیشرفت این دستگاهها، دستگاههای جدیدی نیز ساخته شدند که می‌توانستند این گمراه کننده ها را خنثی کنند.

به منظور اجتناب از کشف شدن بتوسط رادارها و خطر موشکهای ضد هوائی، خلبانان مجددا ارتفاع خود را در حملات تقلیل دادند. طبیعتا با تقلیل ارتفاع دوباره هواپیماها در برد توپهای ضد هوائی قرار گرفتند.

تجربه حاصله از جنگ ویتنام نشان داد که اغلب هواپیماهای آمریکا بتوسط توپهای ضد هوائی ویتنام سرنگون شدند.

در روزهای ابتدایی جنگ آمریکا و متحدانش با عراق نیز، تعداد قابل توجه ای از هواپیماهای اف-۱۶ آمریکا و تورنادو انگلستان توسط توپهای -

ضد هوایی عراق سرنگون گشتند. تجربه جنگ ایران و عراق هم نشان می‌داد که بیشتر هواپیماهای ما نه با موشکهای ضدهوایی، بلکه با همین توپهای ضد هوایی دشمن ساقط شده‌اند. این مسئله گروه طرح عملیات نیروی هوایی را بر آن داشت تا تاکتیک جدیدی به انواع بمبارانهای اف-٤ اضافه کند:

"بمباران با چهار فروند اف-٤ از ارتفاع حدود ٤٥,٠٠٠ پا، یعنی تقریباً ١٥ کیلومتری بالای زمین" که تا آن زمان در نیروی هوایی سابقه نداشت.

در آن دوره من از این تاکتیک جدید بیخبر بودم، زیرا در آن زمان مسئولیت فرماندهی گردان آموزشی رزمی موقت در بندرعباس و سپس شیراز به من محول شده بود. اما درست روز بعد از انتصابم به‌عنوان رئیس عملیات بوشهر، یک مأموریت بمباران از ارتفاع بالا به پایگاه ابلاغ شد. از آنجا که خودم تاکنون چنین پروازی نکرده بودم، از سرگرد خلبان شادروان رضا یاسینی، فرمانده گردان ٦١ شکاری، خواستم لیدری این پرواز را به عهده بگیرد و من در موقعیت شماره ٣ او پرواز کنم تا از نزدیک با این شیوه بمباران آشنا شوم.

همه ما از بوشهر بلند شدیم، و زمانیکه از فراز پایگاه هوائی امیدیه عبور کردیم، به تدریج بارتفاع ٤٢٠٠٠ پا اوج گرفتیم. برای اطلاع هر هواپیمای جنگنده ای، حتی در زمان حاضر، اگر به چنین ارتفاعی اوج بگیرد، به دلیل رقیق بودن هوا، عملکردی شبیه یک هواپیمای مسافربری را خواهد داشت که در همان ارتفاع پرواز میکند و سرنشینان آن چای و یا قهوه خود را میخورند. به این معنی که، آن قابلیت مانور و چالاکی خود را از دست میدهد.

بر روی هدف رسیدیم، اما اف-١٤هایی که قرار بود ما را پشتیبانی کنند، به دلیل نقص فنی در منطقه حضور نداشتند. پس از رها کردن بمبها، تنها یک تیر موشک سام ٢ به سمت ما شلیک شد که به هیچکدام از هواپیماها اصابت نکرد.

در ماموریت بمباران دیگری که به رهبری من انجام میشد، از بوشهر برخاستیم و سپس از فراز اهواز به سمت هدف، که تجمع تانکها و نفرات دشمن در پانزده مایلی شمال شرقی بصره بود، پیش رفتیم. برای این ماموریت نیز اسکورت یک اف-۱۴ در نظر گرفته شده بود، اما این هواپیما هم به دلیل مشکل فنی در سیستم راداری مجبور به بازگشت به پایگاه شد. به خلبان کابین عقب گفتم، "این آقای اف-۱۴ هم عجب موقعی دست ما رو تو پوست گردو گذاشته"!

به دلیل اینکه هواپیماهای ما علاوه بر بمب به موشکهای هوا به هوا نیز مجهز بودند، تصمیم گرفتم که عملیات را بدون اسکورت ادامه دهیم. در جلسه توجیهی پیش از پرواز پیشبینی کرده بودم که در صورت نبود اسکورت و حمله هوایی دشمن، شماره چهار از دسته جدا شود تا حمله را خنثی کند و سه فروند باقیمانده به ماموریت ادامه دهند.

هنوز چند مایلی به نقطه رهاسازی بمبها باقی مانده بود که ناگهان موشکی هوا به هوا از مجاورت ما گذشت. هواپیما را کمی کج کردم و پایینتر یک میراژ دشمن را دیدم که در ارتفاع سی هزار پایی در حال گردش بود. تا خواستم شماره چهار را برای مقابله با آن بفرستم، به یکباره یک موشک زمین به هوای خودشان به آن برخورد کرد و میراژ را به دو نیم کرد. به وضوح پدافند دشمن به اشتباه هواپیمای خودی را که زیر ما قرار داشت، اشتباها بجای ما هدف قرار داده بود.

هیچکدام از رادارهای وحدتی و ماهشهر و حتی سیستم هشداردهنده های هواپیماهای ما موفق به کشف آن میراژ دشمن نشده بودند.

چند لحظه بعد به نقطه پرتاب بمب رسیدیم و با فرمان من، همگی بمبهای خود را همزمان بر سر نیروهای دشمن رها کردیم. در حال گردش به سمت خاک ایران بودیم که عراقیها چهار موشک سام ۲ به سمت ما شلیک کردند. اولین موشک با فاصله زیادی از ما عبور کرد؛ موشکهای دوم و سوم با فاصله حدود هزار پا از داخل مسیر گردش ما رد شدند، اما موشک چهارم در نزدیکی ما منفجر شد.

پس از بررسی نشان دهنده ها، متوجه هیچ نقص فنی ناشی از برخورد قطعات موشک به هواپیمایم نشدم. از خلبانان شماره‌های ۲، ۳ و ٤ خواستم که وضعیت هواپیماهایشان را گزارش کنند. هر کدام از خلبانان گزارش دادند که هواپیمایشان سالم است.

پس از دور شدن از منطقه خطر، هواپیمای خود را به زیر و بالای سه هواپیمای دیگر هدایت کردم تا بال و بدنه آنها را از نزدیک بررسی کنم. شماره دو نیز باز دیدی از هواپیمای من انجام داد. هواپیماهای من و شمارههای دو و سه بدون آسیب بودند، اما هشت نقطه از هواپیمای شماره ٤، به خلبانی سروان اصغر رضایی، صدمه دیده بود.

از او پرسیدم، "شماره ٤، همه چیز نرماله؟"

پاسخ داد، "بله، همه چیز نرماله، چطور مگه؟"

گفتم، "چند جای هواپیمات آسیب دیده. اگر مشکلی در نشان‌دهنده‌ها یا فرامین دیدی، منو در جریان بذار".

با خونسردی جواب داد، "شنیدم".

به بوشهر بازگشتیم و همگی به سلامت فرود آمدیم.

این نوع بمباران، شبیه یک بازی پوکر روباز بود؛ یعنی هیچ‌گونه عنصر غافلگیری در آن وجود نداشت. حتی با چشم غیر مسلح، دود (ذرات یخ) سفید ناشی از اگزوز موتورهای هواپیماهای ما تا ۲۰ یا ۳۰ مایلی قابل مشاهده بود، چه برسد به رادارهای دشمن که می‌توانستند ما را از فاصله حداقل صد مایلی رصد کنند. البته هر کدام از چهار فروند مجهز به سیستم پخش پارازیت بودند، اما وقتی به شعاع نزدیک رادارهایشان می‌رسیدیم، دشمن حتی از ورای این پارازیت‌ها نیز ما را به‌خوبی می‌دید. ابتدا هواپیماهای رهگیرشان را برای مقابله اعزام می‌کردند، و اگر موفق نمی‌شدند، نوبت به موشک‌های سام ۲ می‌رسید که مانند هیولائی مرگ آور بسمت هواپیماها میآمدند.

گروه طرح عملیات استدلال می‌کرد که میزان تلفات این بمباران از ارتفاع بالا تنها ٤ درصد است که در مقایسه با سایر روش‌ها بسیار کمتر بود. این ادعا درست بود، اما استدلال منهم این بود که در این ارتفاع، هر کدام از چهار خلبان، خود را هدف اصلی دشمن می‌بیند و آن ٤ درصد در ذهن او به‌طور ناخودآگاه به صد درصد تبدیل می‌شود.

پس از چندین پرواز مشابه، و حتی عبور نزدیک یک موشک میراژ عراقی از بالای کاناپی کابین هواپیمای من، ایده‌ای به ذهنم خطور کرد که نه‌تنها امنیت این بمباران ارتفاع بالا را افزایش می‌داد، بلکه تلفات بیشتری نیز به دشمن وارد می‌کرد. ایده من این بود که: "به‌جای چهار فروند، هشت فروند هواپیما در این نوع بمباران شرکت کنند. دسته دوم با حفظ فاصله مناسب، پشت سر دسته اول پرواز میکند؛ به‌طوری که وقتی دسته اول وارد منطقه خطر می‌شود، دسته دوم هنوز خارج از محدوده خطر بوده و رادارهای دشمن را با سیستم پخش پارازیت خود گمراه مینماید. سپس زمانی که دسته اول بمب‌های خود را رها کرده و از منطقه خطر خارج می‌شود، دسته دوم وارد آن منطقه میشود و این‌بار دسته اول با ایجاد همان مزاحمت پارازیتی، رادارهای دشمن را مختل میکند".

این شیوه می‌توانست به‌طور مؤثرتری امنیت ما را در برابر پدافند دشمن تأمین کند و آسیب بیشتری را به مواضع نیروهای آنها وارد آورد.

این ایده‌ام را با سرهنگ خلبان کاکاوند، فرمانده پایگاه و افسر پیشین پروژه جنگ‌های الکترونیک، در میان گذاشتم. او گفت: "جلیل، فکر بسیار خوبی است. خودت با جناب سرهنگ هوشیار تماس بگیر و طرحت را با ایشان مطرح کن".

یکی دو هفته بعد، که برای شرکت در کمیسیون نقل و انتقالات به ستاد رفته بودم، مستقیم به دفتر معاونت عملیات نیروی هوایی، سرهنگ خلبان شادروان بهرام هوشیار، رفتم و از آجودانش خواستم که چند دقیقه‌ای با ایشان صحبت کنم. پس از دو سه دقیقه، خود شادروان هوشیار بیرون آمد و با دست اشاره کرد و گفت: "پوررضایی، بیا تو".

داخل دفترش رفتم و خبردار ایستادم. او لبخندی زد و گفت:
"پوررضایی، چرا خبردار ایستادی؟" و با اشاره به مبلی افزود: "اینجا
بشین".

ایشان پس از چند سؤال درباره نحوه اجرای طرح، با آن موافقت کرد.
از آن به بعد و تا زمانی که در بوشهر خدمت می‌کردم، بمبارانهای هوایی
همواره با هشت فروند انجام می‌گرفت.

٭٭٭٭٭

حجاب اسلامی

بمباران نیروگاه برق الزبیرعراق

در نقل و انتقالات سالیانه خلبانان شکاری که در پاییز سال ۱۳۶۰ صورت گرفت، سرگرد خلبان شادروان رضا یاسینی و سروان خلبان شادروان عباس دوران به شاهرخی منتقل شدند. من سروان خلبان ناصر رضائی را که از نظر درجه و سابقه پروازی ارشد تر از سایر خلبانان بود، به‌عنوان فرمانده گردان ۶۱ شکاری به فرمانده پایگاه، سرهنگ دوم خلبان شادروان ابراهیم کاکاوند، پیشنهاد کردم که مورد موافقت قرار گرفت.

پس از چندین پرواز بمباران از ارتفاع بالا، مأموریت بمباران نیروگاه برق الزبیر که در نزدیکی مرز عراق و کویت قرار داشت، به پایگاه ما ابلاغ شد. این بمباران قرار بود که با یک دسته سه فروندی انجام شود. به ناصر گفتم که خودم لیدر پرواز خواهم بود. او هم ستوانیکم خلبان حسن منصوری و سروان خلبان سیروس باهری را به‌عنوان شماره‌های دو و سه انتخاب کرد. در این مأموریت، ستوان یکم خلبان کورس ولیانی در کابین عقب من پرواز میکرد.

زمان مأموریت ساعت ۶:۳۰ صبح روز بعد تعیین شده بود. غروب که به مهمانسرا رفتم، دیدم همسرم هما از چیزی ناراحت است.

پرسیدم، "چی شده هما، انگار ناراحتی؟"

پاسخ داد، "بعدازظهر که مشغول خرید از فروشگاه تعاونی پایگاه بودم، یکی از مسئولان آنجا به نام گروهبان فلانی به حجاب من ایراد گرفت. از او پرسیدم حجاب من چه اشکالی دارد، جواب داد که موی سرتان پیدا است."

همسرم حتی پیش از انقلاب هم همیشه معتدل لباس می‌پوشید و پس از انقلاب نیز حجاب را رعایت می‌کرد. ممکن است به‌خاطر فعالیت در هنگام خریدن، کمی از موهایش بیرون زده باشد، اما ناراحتی او باعث شد

جلیل پوررضائی

که من، که ساعت شش صبح به پست فرماندهی رفته و تا شش غروب خسته به مهمانسرا بازگشته بودم، حسابی عصبانی شوم.

بلافاصله به سرهنگ دوی خلبان ابراهیم کاکاوند، فرمانده پایگاه، زنگ زدم و بعد از توضیح ماجرا با لحنی عصبی گفتم: "ابی، این چه پایگاهی است که یک مرد از حجاب زنها ایراد می‌گیره. اگر نمی‌تونی اینها رو کنترل کنی..." اما او حرفم را قطع کرد و گفت، "جلیل، من به تو اجازه نمیدم این‌طور با من صحبت کنی. بیا پست فرماندهی تا قضیه رو حل کنیم".

پاسخ دادم، "ابی، الان خسته و عصبی هستم؛ فردا هم باید ساعت سه صبح به پست فرماندهی بیایم، چون ساعت شش و نیم پرواز دارم. خواهش می‌کنم این موضوع رو بذار برای بعد." اما او اصرار کرد: "مسئله کنترل حجاب در این پایگاه باید همین امشب و برای همیشه حل بشه. میگم بهت زنگ بزنند تا کی بیای بالا".

دقایقی بعد به من اطلاع دادند که ساعت هشت شب در پست فرماندهی حضور داشته باشم. حدود ساعت هشت که به آنجا رسیدم، دیدم فرمانده پایگاه، حاج آقا صداقت، رئیس دایره عقیدتی و سیاسی پایگاه، دادستان انقلاب بوشهر ۱، فرمانده حفاظت و اطلاعات، رئیس انجمن اسلامی پایگاه (که رئیس فروشگاه تعاونی نیز بود)، جانشین پایگاه، سرهنگ دوم خلبان فرج‌الله براتپور، سروان خلبان منوچهر روادگر، و همان گروهبان حزب‌اللهی که از حجاب همسرم ایراد گرفته بود، را به این جلسه دعوت کرده است.

فرمانده پایگاه پس از شرح مقدمه ای در باره حجاب، از من خواست که چگونگی ماجرا را تعریف کنم.

من آنچه را که همسرم بمن گفته بود عینا تعریف نموده و در حالیکه –

---

۱) یکی از فرماندهان سابق پایگاه به او یک خانه سازمانی داده بود، ووی در پایگاه زندگی میکرد.

با مشت به میز میکوبیدم خطاب به ارگانهای به اصطلاح حزب اللهی پایگاه گفتم: "اگر من و امثال من نبودیم، سربازهای صدام همان بلایی را که بر سر زنان و دختران مردم در قصر شیرین، سوسنگرد، خرمشهر، و اطراف آبادان آوردند، بر سر زن و دختر شما در همین بوشهر می‌آوردند." سپس با اشاره به همان فرد ادامه دادم: "اگر واقعا متدین هستید، چگونه مردی را مسئول کرده‌اید که حجاب زنان را کنترل کند؟ مگر نگاه کردن به موی یک زن از سوی نا محرم گناه نیست؟"

هیچ‌کدام از حاضرین پاسخی نداد. سرانجام در آن جلسه تصمیم گرفته شد که از این پس، کنترل حجاب توسط تعدادی از خانم‌ها (خواهران) انجام شود و مردان از این کار منع شدند.

ساعت ده شب با اعصابی متشنج به مهمانسرا برگشتم و ماجرا را برای همسرم، هما، تعریف کردم. تا ساعت یک صبح هرچه کردم خوابم نبرد. با خود فکر می‌کردم: "دو کشور ایران و عراق در حال جنگ هستند و من باید به‌عنوان لیدر، سه فروند از گران‌ترین جنگنده‌های دنیا را به دل دشمن ببرم. آن‌وقت همسرم به خاطر چند سانتیمتر مو از سوی فردی به ظاهر حزب‌اللهی مورد سرزنش قرار می‌گیرد، و من که مسئولیت جان پنج خلبان دیگر را بر عهده دارم، باید با اعصاب متشنج و بی‌خوابی آنها را در تاریکی صبح، با سرعتی نزدیک به ۸۰۰ کیلومتر در ساعت، به سوی هدف هدایت کنم و بسلامت به وطن بازگردانم. خدایا، خودت یاریم ده".

ساعت دو صبح به آرامی از تخت خواب پایین آمدم و دیدم همسرم هنوز بیدار است.

هما گفت، "جلیل، تو که تا صبح نخوابیدی. چطور میخوای پرواز‌کنی؟۱"

پاسخ دادم، "چرا، دو، سه ساعتی خوابیدم. کاری نمیشه کرد."

---

۱) برای اینکه نگران نشود، من معمولا از ماموریت های رزمی خویش چیزی به هما نمیگفتم، ولی او میتوانست حدس بزند.

یک دوش آب گرم حالم را بهبود بخشید. صورتم را اصلاح کردم و از ادوکلنی که همیشه هما برایم می‌خرید استفاده کردم. نگاهی به پوتین‌هایم انداختم؛ واکس داشتند، ولی باز هم با یک پارچه مخمل آن‌ها را برق انداختم. به داخل جیپ سازمانی پریدم و پنج دقیقه به سه بامداد به پست فرماندهی رسیدم. خلبانان که به وقت‌شناسی من آشنا بودند، زودتر از من به آنجا رسیده و در اتاق جنگ منتظر بودند.

پس از پایان جلسه توجیهی، در هوای گرگ ومیش سپیده‌دم، هر سه فروند به پرواز درآمدیم. بالاخره به نزدیکی نیروگاه برق الزبیر رسیدیم. شماره‌های ۲ و ۳ برای اجتناب از ترکش بمب‌های هواپیمای جلوئی، از هم فاصله گرفتند.

به‌محض اینکه دستگاه نشانه‌روی من روی ساختمان ژنراتور قرار گرفت، هر شش بمبم را رها کردم و برای گریز از ضد هوایی دشمن، هواپیما را به شدت به چپ و راست کشیدم. در یکی از همین گردش‌ها که به عقب نگاه کردم، دیدم که در اثر انفجار بمب‌های هر سه فروند، جهنمی از آتش و دود نیروگاه را فرا گرفته است.

شماره ۳ من، سروان خلبان سیروس باهری، که هیجان‌زده شده بود، در رادیو با شور گفت: "جناب سرگرد، عالی بود!" پاسخی ندادم. در همین زمان توپ‌های ضد هوایی دشمن که گویا ما را نمی‌دیدند، بی‌هدف به هر سو تیراندازی می‌کردند.

دقایقی پس از بمباران هدف، بر فراز آب‌های خلیج فارس قرار گرفتیم. سرنشینان چند قایق ماهیگیری را دیدم که برایمان دست تکان می‌دادند. در آن لحظه آرزو کردم کاش من جای یکی از آن‌ها بودم، به‌دور از هیاهوی جنگ و پرواز.

در همین لحظه صدای خلبان اف-۱۴ را شنیدم که با اطمینان گفت، رادار او پشت سر ما را رصد کرده و هیچ هواپیمایی در تعقیب ما نیست؛ -

می‌توانیم با خیال راحت ادامه دهیم. از اینکه این ماموریت به خیری گذشت، خدا را شکر کردم.

با توجه به نزدیکی بوشهر به امیرنشین‌های خلیج فارس، ما می‌توانستیم برنامه‌های تلویزیونی آن‌ها را دریافت کنیم. همان شب که اخبار کویت را تماشا می‌کردم، گزارشگری ضمن نمایش پالایشگاهی در حال سوختن اعلام کرد که هواپیماهای ایرانی آنجا را بمباران کرده‌اند و حتی بمب‌های عمل‌نکرده‌ای را که گویا از نوعی بودند که آمریکا پیش‌تر به ایران فروخته بود، به نمایش گذاشتند. این ادعا به‌نظر من، دروغی محض بود، چون اعتقاد راسخ داشتم که ما نیروگاه برق الزبیر را بمباران کرده‌ایم و نمی‌دانستم کویت با این صحنه‌سازی به دنبال چه هدفی است.

لازم به ذکر است که در طول جنگ ایران و عراق، کویت از عراق حمایت می‌کرد و علیرغم اعتراضات جمهوری اسلامی ایران، تمام بنادر خود را برای انتقال تسلیحات و تجهیزات در اختیار عراق گذاشته بود. گزارش‌ها حاکی از آن بود که حتی کشتی‌های تجاری عراق با پرچم کویت آزادانه از تنگه هرمز عبور می‌کردند و کالاهای مورد نیاز عراق را در یکی از بنادر کویت تخلیه مینمودند.

وزارت خارجه ایران با تکذیب ادعای کویت اعلام کرد که این صحنه‌سازی‌ها، ترفندی از سوی دولت آمریکا برای برهم زدن روابط حسنه میان دو کشور دوست و برادر ایران و کویت بوده است.

شایان ذکر است که من و دیگر خلبانان شرکت‌کننده در بمباران نیروگاه برق الزبیر، در دستور ستاد نیروی هوایی، از سوی عملیات نیروی هوایی مورد تشویق قرار گرفتیم.

*****

جلیل پوررضائی

حمله عراق به کاروان کشتیهای تجارتی ایران

بندر شاهپور و بندر ماهشهر، هر دو در انتهای دهنه‌ی خور موسی در شمال غربی خلیج فارس واقع شده‌اند. فاصله بندر ماهشهر تا آبادان حدود ۱۱۰ کیلومتر و فاصله بندر شاهپور۱ تا آبادان نیز حدود ۸۰ کیلومتر است. این بنادر نقش مهمی در حمل و نقل داشتند؛ در بندر ماهشهر، شش فروند نفت‌کش می‌توانستند محموله‌های خود را تخلیه کنند، و از آنجا نفت به تلمبه‌خانه‌ها منتقل و تا تهران پمپاژ می‌شد. این فرآیند با سهولت بیشتری نسبت به بندرعباس انجام می‌گرفت، چراکه تخلیه یک کشتی نفت‌کش ۲۰۰ هزار تنی در بندرعباس نیازمند اختصاص حدود ۱۰ هزار کامیون نفت‌کش ۲۰ تنی بود.

بندر شاهپور نیز ظرفیت تخلیه ۲۹ فروند کشتی با محموله‌های عمومی، ۵ کشتی کانتینری و ۲ کشتی غلات را داشت، که این غلات از طریق پمپ‌های مخصوص مستقیماً به کامیون‌ها منتقل می‌شد. برخلاف بندرعباس، در بندر شاهپور نیازی نبود که غلات با دست به کامیون‌ها منتقل شوند، بلکه به‌سرعت و به‌طور مستقیم تخلیه می‌شدند.

این‌گونه، تخلیه مایحتاج در بنادر شاهپور و ماهشهر به مراتب سودمندتر و مؤثرتر در جهت منافع کشور به نظر می‌رسید. عراق نیز از اهمیت این بنادر آگاه بود و کشتی‌های تجاری در حال حرکت به سوی این بنادر را با استفاده از موشک‌های زمین به دریا که در شبه‌جزیره فاو مستقر شده بودند، و موشک‌های هوا به دریا که توسط هلیکوپترها شلیک می‌شدند، و همچنین حملات هوایی هدف قرار می‌داد.

با نوجه به بحران وضع اقتصادی مملکت و لزوم تخلیه هر چه سریعتر کالاها و مخصوصا فرآورده‌های نفتی، و رساندن آن به جبهه‌های جنگ و سایر شهرهای ایران، جمهوری اسلامی ایران خطر حمله به کاروان کشتیهای تجارتی را پذیرفته و دستور داده بود که به هر قیمتی که شده بنادر ماهشهر –

---

۱)   پس از انقلاب نام بندر شاهپور بنام بندر امام خمینی تغییر یافت.

و شاهپور باز نگهداشته شوند.

منطقه دوم دریائی بوشهر ماموریت داشت که کاروان کشتیهای تجارتی را که گاها تعداد آن به بیست فروند میرسید، از حدود بوشهر اسکورت نموده و بسلامت به بنادر شاهپور و ماهشهر برساند. طبیعی هست که پشتیبانی نزدیک هوائی۱ از عملیات منطقه دوم دریائی به پایگاه هوائی بوشهر که در جوار آنان قرار داشت محول گشت.

پایگاههای هفتم شکاری در شیراز، و هشتم شکاری در اصفهان نیز بهمراه پایگاه هوائی بوشهر گشت رزمی هوائی را بعهده داشتند تا از حمله هوائی دشمن به کاروان کشتیهای تجارتی ممانعت نمایند.

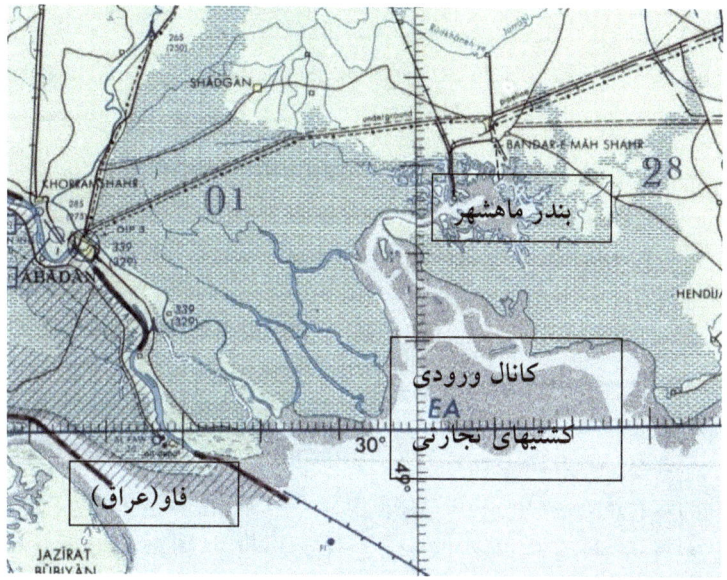

کانال ورودی کاروان نفتکشها و سایر کشتیهای تجارتی به بندر ماهشهر

عکس: از آرشیو نویسنده

---

۱) حمله موشکی به شناورهای دشمن

خطراتی که کاروان کشتیهای تجارتی را تهدید مینمود، عبارت بودند
از:

۱- مینهای دریائی که عراقیها آنرا در تاریکی شب به توسط هلی کوپتر
و یا قایق در کانال ورودی بندر ماهشهر رها میکردند.

۲- موشکهای زمین به دریای استیکس۱ که دشمن آنرا در شبه جزیره
فاو مستقر نموده بود.

۳- هلی کوپترهای سوپرفرلن فرانسوی که مجهز به موشکهای ضد
کشتی اگزوست۲ بودند.

٤- هواپیماهای سوپراتندارد فرانسه مجهز به موشکهای اگزوست. این
هواپیماها که بصورت اجاره به دولت عراق تحویل داده شده بود، بعدا با
هواپیماهای میراژ جایگزین شد.

۵- ناوچه های اوزا مجهز به موشکهای استیکس.

٦- انواع هواپیماهای جنگنده بمب افکن، مانند سوخوی ۲۲.

شرکتهای کشتیرانی ممالک مختلف دنیا نیز با علم به خطراتی که
وجود داشت، و به منظور اخذ غرامت از شرکتهای بیمه، فرسوده ترین
کشتی‌های خود را برای حمل کالا به بنادر ایران اختصاص داده بودند. در
نتیجه، حداکثر سرعت این کشتی‌ها از ده گره دریایی فراتر نمی‌رفت. به
دلیل این سرعت کم و بعد مسافت از بوشهر تا بندر ماهشهر، در بسیاری
موارد، نیروهای عراقی تا یک روز کامل فرصت داشتند که به دفعات به این
کشتی‌ها حمله کنند.

نیروی دریایی ایران نیز ناوهای بزرگ خود، مانند "ببر" و "پلنگ"، -

---

Stycs (۱
Exocet (۲

را برای محافظت از تنگه هرمز مستقر کرده بود و در شمال خلیج فارس از ناوچه‌های لاکمباتنت۱ ساخت فرانسه، که به موشک‌های ضد شناور هارپون۲ مجهز بودند، علیه عراق بهره می‌برد.

قابل‌ذکر است که در روزهای ششم و هفتم آذر ۱۳۵۹، درست در زمانی که نیروهای عراقی بخش عظیمی از خوزستان ایران را به تصرف درآورده و همه توجهات به آن منطقه معطوف بود، منطقه دوم نیروی دریایی ایران از این فرصت طلایی بهره برد و عملیاتی به نام "مروارید" را اجرا کرد. در این عملیات، ناوچه‌ها، هلیکوپترها، و تکاوران با پشتیبانی نیروی هوایی، شاهرگ حیاتی عراق در شمال خلیج فارس را قطع کردند. طی کمتر از ۲۴ ساعت، ایران پس از انهدام بخش بزرگی از نیروی دریایی عراق، اسکله‌های بارگیری البکر و الامیه را منفجر کرد و عراق تا پایان جنگ دیگر نتوانست حتی قطره‌ای نفت از طریق خلیج فارس صادر کند. آنگاه نیروی دریائی ماندن در اسکله ها را بعلت نزدیک بودن با خاک دشمن صلاح ندانسته، و پیروزمندانه به پایگاه‌های خویش مراجعت نمودند.

از این عملیات به بعد، جنگ در شمال خلیج فارس بیشتر یک جنگ هوائی بوده است تا یک جنگ دریائی. به این معنی که، اغلب قریب باتفاق حملات به کاروان کشتیهای تجارتی ایران از طریق هوا و بوسیله هواپیماها و یا هلی کوپترهای عراق صورت میگرفت. در نتیجه، گرچه عملیات اسکورت کاروان کشتیهای تجارتی بعهده نیروی دریائی قرار داشت، اما بار آن بر دوش نیروی هوائی، یعنی پایگاه‌های هوائی بوشهر، شیراز و اصفهان و مهرآباد بود.

در یکی از اسکورتهای کاروان کشتیهای تجارتی واقعه ای اتفاق افتاد که شنیدن آن بسیار جالب است. در آن روز قرار بود که تعداد دوازده فروند کشتی تجاری که در میان آنان دو نفتکش نیز قرار داشت به بنادر شاهپور و ماهشهر اسکورت شوند.

La Combattante (۱

Harpoon (۲

مسیر حرکت این کشتیها به نحوی بود که در پایان مسیر خویش بایستی تدریجا بسمت شمال گشته و از طریق خورموسی وارد کانال ورودی این بنادرشوند. و در همین گردش بود که تمامی طول قسمت چپ کشتیها بطرف عراق که در سمت غرب واقع بود، قرار میگرفت.

چون مقطع طولی یک کشتی بیشترین سطح را در مقابل امواج رادار ایجاد میکند، عراقیها نیز همواره منتظر این لحظه بودند تا موشکهای ضد شناور خود را چه از راه زمین و چه از راه هوا بطرف کشتی‌ها رها نمایند، و معمولا نیز طرف چپ یک کشتی مورد اصابت قرار میگرفت.

کارکنان کشتی‌ها هم با علم به این واقعیت که هر لحظه ممکنست سمت چپ کشتی مورد هدف قرار گیرد، همگی جلیقه نجات خود را پوشیده و در سمت راست کشتی به حالت انتظار چشم به آسمان میدوختند تا بمحض مشاهده موشکی که بسمت کشتی روانه است، خود را به داخل آب پرتاب نمایند.

من با یک هواپیمای اف۴ مجهز به موشکهای هوا به زمین ماوریک، بهمراه یکفروند اف۱۴ در شمال کاروان کشتیها به گشت رزمی هوائی مشغول بودیم، تا از حمله هواپیماها و شناورهای دشمن به کشتیها ممانعت نمائیم. هوا بسیار عالی بود و ذره ای ابر در آسمان دیده نمیشد.

کاروان کشتی‌ها را می‌دیدم که با نظم و آرامی به سمت دهنه خور موسی نزدیک می‌شدند، که ناگهان انفجار موشکی در حدود یک مایلی یکی از کشتی‌ها بر روی آب رخ داد. به نظر می‌رسید که دشمن موشکی را از فاو یا یک هلی‌کوپتر شلیک کرده، اما به هدف برخورد نکرده بود.

چند دقیقه بعد متوجه شدم همان کشتی از کاروان جدا شده و به سمت آب‌های کم‌عمق ساحل در حال حرکت است. سریعاً وضعیت را به پست فرماندهی منطقه دوم دریایی بوشهر گزارش دادم و اضافه کردم که اگر مسیر کشتی اصلاح نشود، به زودی در آب‌های کم‌عمق به گل خواهد نشست.

افسر عملیات پست فرماندهی احتمال داد که کشتی ممکن است ـ

در اثر برخورد موشک دیگری آسیب دیده باشد و خواست تا از نزدیک وضعیت را بررسی کنم. با وجود اینکه بعید می‌دانستم کشتی به‌طور مستقیم مورد اصابت قرار گرفته باشد، به ارتفاع پایین‌تر فرود آمدم و به دقت اطراف کشتی را بازرسی کردم.

مشخص شد که کشتی کاملاً سالم است، اما همان‌طور که حدس می‌زدم، حدود دوازده نفر از کارکنان آن با جلیقه‌های نجات نارنجی رنگ بر روی آب شناور بودند. به وضوح کاپیتان و خدمه به‌محض دیدن موشکی که به سمت آن‌ها می‌آمده، از ترس به دریا پریده بودند.

مجدد وضعیت را به منطقه دوم دریایی اطلاع دادم. پاسخ دادند که یک هلی‌کوپتر در راه است تا سرنشینان کشتی را نجات دهد. یکی دو روز بعد که در همان منطقه پرواز میکردم، دیدم که آن کشتی در آب‌های کم‌عمق به گل نشسته است.

❊❊❊❊❊

جلیل پوررضائی

کنفرانس سران کشورهای غیر متعهد

در اوایل تیرماه ۱۳۶۱ برای شرکت در کمیسیونی عملیاتی به عملیات ستاد نیروی هوایی در تهران دعوت شدم. جلسه، به دلیل اهمیت موضوع، در مکانی مخصوص نگهداری مدارک سری و بکلی سری برگزار شد. در آنجا متوجه شدم که علاوه بر من، رؤسای عملیات پایگاه‌های مهرآباد، شاهرخی، وحدتی و امیدیه نیز به این جلسه دعوت شده‌اند.

ریاست جلسه را مدیر وقت عملیات نیروی هوایی بر عهده داشت. او در ابتدا بیان کرد که، با توجه به تلفات نیروی هوایی و شرایط تحریمی، باید نهایت تلاش را برای حفظ خلبانان و هواپیماهای موجود بکار ببندیم. سپس ادامه داد: "کنفرانس سران کشورهای غیرمتعهد بهزودی در بغداد برگزار می‌شود. جمهوری اسلامی ایران، برای اثبات اینکه عراق مکان امنی برای این کنفرانس نیست، از نیروی هوایی خواسته که هدفی را در بغداد بمباران کند. حمله به‌صورت یک دسته دو فروندی انجام می‌گیرد، اما این که کدام پایگاه مأموریت را اجرا کند، به‌موقع اعلام خواهد شد."

حدود یک سال پیش، زمانی که در پایگاه شاهرخی خدمت می‌کردم و مأموریت بمباران پالایشگاه الدوره شرقی را بر عهده داشتیم، پس از انجام عملیات، در حال گوش دادن به اخبار بی‌بی‌سی بودم که خبرنگار گزارش داد: "امروز هواپیماهای ایرانی اطراف بغداد را بمباران کردند، اما ده دقیقه پیش از حمله، آژیر حمله هوایی در بغداد به صدا درآمده بود." این ده دقیقه، درست همان زمانی بود که ما از مرز ایران و عراق عبور کرده بودیم. بررسی‌های بعدی نشان داد که عراق علاوه بر سیستمهای اعلام خطر راداری، شبکه‌ای از دیده‌بان‌ها در سراسر مرز خود با ایران ایجاد کرده است که عبور هر هواپیمایی را به سمت عراق گزارش می‌کردند.

پس از پایان سخنان رئیس جلسه، همه شرکت‌کنندگان در سکوت کامل و بدون هیچ پرسشی، صورتجلسه را امضاء کردند و آن را در مقابل من روی میز قرار دادند.

۱٦۲

سکوت را شکسته و به رئیس جلسه گفتم: "جناب سرهنگ، شما در سخنان افتتاحیه این جلسه بیان کردید که، نیروی هوائی تلفات زیادی را متحمل گشته و جائی برای تلفات بیشتر نمانده است. ولی تجربه من بعنوان خلبانی که دهها ماموریت رزمی انجام داده، و حتی یکبار هدفی را در نزدیکی همین بغداد بمباران کرده، نشان میدهد که از دو فروند هواپیمائی که قرار است برای این ماموریت فرستاده شود، به احتمال زیاد یک فروند آن بتوسط پدافند دشمن هدف قرار گرفته و مراجعت نخواهد کرد. بنابراین برای جلوگیری از تلفات بیشتر، من پیشنهاد میکنم که فقط یک فروند هواپیما به اینکار اختصاص داده شود. این هواپیما برای دفاع از خویش مجهز به موشکهای هوا به هوا گشته و در ارتفاع بسیار کم وارد خاک دشمن شده، و دیوار صوتی را در خارج از رینگ دفاعی عراق میشکند، و سریعا به خاک خویش مراجعت مینماید. خبرنگاران خارجی مستقر در بغداد صدای انفجار دیوار صوتی را بعنوان بمباران تلقی نموده و به دنیا مخابره خواهند نمود. رادیو و تلویزیون جمهوری اسلامی نیز، همزمان با پخش مارشهای هیجان انگیز، اعلام میکند که هواپیماهای ما هدفهای خویش را در بغداد بمباران نموده اند. با توجه به اینکه مامورین عراق، به خبرنگاران خارجی اجازه نمیدهند که از هر بمبارانی عکسبرداری نمایند، تکذیب دولت عراق که چنین بمبارانی صورت نگرفته به جائی نخواهد رسید. و هدف جمهوری اسلامی نیز، که عراق جای امنی برای برگزاری کنفرانس کشورهای غیر متعهد نیست برآورده خواهد شد."

رئیس جلسه پاسخ داد، "خیر، دستور حمله با دو فروند هواپیما و بمباران هدفی در بغداد از بالا صادر شده و بایستی انجام شود."

من خلاصه‌ای از نظراتم را در حاشیه نام خود در صورت‌جلسه کمیسیون نوشتم و سپس آن را امضا کردم.

چندی بعد، صورت‌جلسه کمیسیون همراه با دستورات فرمانده نیروی هوایی، سرهنگ خلبان معینی‌پور، به پایگاه‌ها ارسال شد. فرمانده در حاشیه صورت‌جلسه، و در مقابل نام من، در پاسخ به پیش‌بینی تلفات و پیشنهادهایم نوشته بود، "این جناب سرهنگ فراموش کرده‌اند که امدادهای غیبی حافظ –

جان رزمندگان اسلام است، و..." از این رو، فرمانده نیروی هوایی نیز به نظرات و پیشنهادهای من توجهی نشان نداده بود.

پس از مدتی، اجرای مأموریت بمباران پالایشگاه الدوره بغداد به‌منظور جلوگیری از تشکیل کنفرانس سران کشورهای غیرمتعهد به پایگاه هوایی شاهرخی محول شد، و دو تن از بهترین خلبانان نیروی هوایی؛ سرهنگ دوی خلبان شادروان محمود اسکندری و سرگرد خلبان شادروان عباس دوران، به این مأموریت اعزام شدند. هواپیمای عباس دوران توسط دشمن سرنگون شد و او جان خود را از دست داد، اما کابین عقب او، کاظمیان، با چتر نجات سالم فرود آمد و تا پایان جنگ در اسارت به‌سر برد. چندین بخش از هواپیمای محمود اسکندری نیز بر اثر تیراندازی پدافند دشمن آسیب دید، اما او توانست سالم در شاهرخی فرود آید. پس از انجام این عملیات، مکان اجلاس سران کشورهای غیر متعهد علیرغم همه تلاشهای دولت عراق بجای بغداد به دهلی نو تغییر یافت، و این شکست بزرگی برای دولت عراق در صحنه سیاست جهانی بود.

❋❋❋❋❋

درهم شکستن محاصره آبادان

ارتش عراق پس از اشغال خرمشهر و با هدف تصرف آبادان، در اواسط مهرماه ١٣٥٩ بخشی از جاده آبادان به اهواز و چند روز بعد جاده آبادان به ماهشهر را نیز تصرف کرده و به این ترتیب آبادان را در محاصره قرار داد.

اوایل مهرماه ١٣٦٠، پیامی سری از عملیات نیروی هوایی به پایگاه هوایی بوشهر مخابره شد که بیان می‌کرد، "قرار است لشگر ٧٧ خراسان با انجام یک عملیات آفندی، شهر آبادان را از محاصره دشمن خارج کند. پایگاه هوایی بوشهر مأموریت دارد که از عملیات این لشگر پشتیبانی نماید." به دنبال دریافت این پیام، پیام دیگری از پست فرماندهی لشگر واصل شد که در جلسه هماهنگی عملیات، که در مقر این لشگر در بندرماهشهر قرار داشت شرکت نمایم.

روز بعد، سوار هواپیمای یک‌موتوره ملخ‌دار شده و ٤٥ دقیقه بعد در فرودگاه ماهشهر فرود آمدم. یک دستگاه جیپ با راننده و یک دژبان مسلح در پارکینگ کوچک آنجا منتظر بود تا مرا به مقر لشگر برساند. در پست فرماندهی لشگر ٧٧ با فرمانده آن، سرهنگ جوادی، چند فرمانده تیپ و گردان لشگر، و دو تن از فرماندهان سپاه پاسداران آشنا شدم. سرهنگ جوادی، مردی با قامتی بلند و چهره‌ای آفتاب‌سوخته، در نظرم نمونه‌ای کامل از یک نظامی و فرمانده بود.

عملیات آزادسازی آبادان قرار بود حدود ساعت یک بامداد همان شب آغاز شود. عکس‌های هوایی نشان می‌داد که عراقی‌ها نزدیک به سیصد تانک را در شرق رودخانه کارون مستقر کرده‌اند. در همین حال، سرهنگ دومی از لشگر ٧٧ گزارش می‌داد که نیروهای ایران تنها هشتاد تانک در اختیار دارند و قرار است تا غروب همان روز، هشت تانک دیگر نیز با تریلی به ماهشهر برسد.

در عملیات آفندی، معمولاً نیروهای حمله‌کننده باید سه برابر نیروهای مدافع، تجهیزات و نفرات داشته باشند، زیرا مدافعان در سنگرهای خود پناه –

گرفته و از آن دفاع می‌کنند، در حالی که مهاجمان هنگام حرکت بیشتر در معرض خطر تیربارهای دشمن قرار دارند. اما در این عملیات شرایط متفاوت بود؛ عراقی‌ها بیش از سه برابر لشگر ۷۷ خراسان تانک در اختیار داشتند.

دشمن با احداث پل‌های موقت روی رودخانه کارون، آذوقه و مهمات نیروهای خود در شرق رودخانه را تأمین می‌کرد. این پل‌ها شاهرگ حیاتی نیروهای عراقی به‌شمار می‌آمد و به شدت از آن‌ها محافظت می‌کردند. واحدهایی از سپاه پاسداران قرار بود شبانه به این پل‌ها حمله و آن‌ها را منفجر کنند. سرهنگ جوادی، فرمانده لشگر، با درک وضعیت دشوار نیروی هوایی، خطاب به من گفت: "جناب سرهنگ، نیروی هوایی برای پشتیبانی از نیروهای زمینی تلفات سنگینی را تحمل کرده است. مطمئن باشید تا زمانی که کارد به استخوان نرسد، از شما درخواست پشتیبانی نزدیک نخواهیم کرد. اگر درخواست کنیم، بدانید که چاره دیگری نداشتیم".

در پاسخ گفتم: "جناب سرهنگ، هواپیماهای ما هم‌اکنون مجهز به بمب و موشک‌های هوا به زمین شده‌اند. خلبانان نیز به محض درخواست یکان‌های درگیر، در اسرع وقت به پرواز درخواهند آمد و اهداف تعیین شده را منهدم خواهند کرد. همچنین، اف-۴ و اف-۱۴های مجهز به موشک‌های هوا به هوا گشت رزمی هوایی را ۲۴ ساعته بر عهده دارند و از حمله هوایی دشمن به نیروهای درگیر جلوگیری خواهند کرد".

با آغاز عملیات در نیمه‌شب، لشگر ۷۷ خراسان با پشتیبانی سپاه پاسداران توانست تا پایان روز، آبادان را از محاصره خارج کند. در این عملیات، ۱۵۰۰ اسیر و حدود ۷۰ تانک سالم از دشمن به غنیمت گرفته شد و لشگر ۷۷ خراسان به پاس این پیروزی بزرگ، به عنوان "لشگر ۷۷ پیروز خراسان" شناخته شد.

*****

فرمانده پایگاه ششم شکاری (بوشهر)

در زمستان سال ۱۳۶۱ فرمانده پایگاه هوایی بوشهر، سرهنگ دوم خلبان شادروان ابراهیم کاکاوند تعویض شد و سرهنگ دوم خلبان اصغر سفیدموی آذر به فرماندهی این پایگاه منصوب گشت. سفیدموی آذر از خلبانانی بود که در پاکسازی‌های تابستان ۱۳۶۰، با ارتقای سریع از سروانی به سرهنگ دومی، به جانشینی فرمانده پایگاه هوایی شاهرخی منصوب شده بود و در زمره خلبانان حزب‌اللهی قرار داشت. انتصاب او به فرماندهی پایگاه بوشهر در حالی انجام شد که من و سرهنگ دوم خلبان فرج‌الله براتپور، جانشین پایگاه، چندین سال از او ارشدتر بودیم. به ویژه، او از جمله شاگردان من در پروازهای کابین عقب اف-۴ به شمار می‌آمد.

گرچه پذیرش این وضعیت برایم دشوار بود، اما با خود گفتم که اگر من و دیگر خلبانان باسابقه کنار برویم، نیروی هوایی مجبور خواهد شد افراد با تجربه کمتر را به کار گیرد و این می‌تواند به آسیب‌های بیشتری برای کشور در حال جنگ و مردم منجر شود.

در مهرماه ۱۳۶۳ به همراه تیمی به خارج از کشور اعزام شدم. یک شب که به اخبار رادیو گوش می‌دادم، شنیدم که فرمانده نیروی هوایی تغییر کرده و سرهنگ خلبان شادروان هوشنگ صدیق به این سمت منصوب شده است. سرهنگ صدیق نیز مانند من دوره خلبانی خود را در پاکستان به پایان رسانده بود و حدود دو سال از من ارشدتر بود.

پس از پایان مأموریتم در خارج از کشور، به تهران بازگشتم و از آنجا مستقیماً به بوشهر پرواز کردم.

به مجرد رسیدن به پایگاه بوشهر، در کمال حیرت از فرمانده گردان ۶۱ شکاری، سرگرد خلبان ناصر رضائی شنیدم که هم فرمانده پایگاه، سرهنگ دوی خلبان اصغر سفیدموی آذر، و هم جانشین او، سرهنگ دوی خلبان فرج الله براتپور به ستاد نیروی هوائی در تهران منتقل گشته، و سفیدموی آذر گفته، من تا تعیین فرمانده بعدی عهده دار امور فرماندهی پایگاه خواهم بود.

جلیل پوررضائی

در کمتر از یکماه به من ابلاغ شد که بسمت فرمانده پایگاه هوائی بوشهر منتصب گشته، و سرهنگ دوی خلبان علی نمکی نیز بعنوان جانشین من انتخاب شده است.

سرهنگ خلبان جلیل پوررضائی
عکس: از آلبوم نویسنده

همزمان با این انتصابات، سرهنگ خلبان شادروان بهرام هوشیار، که به عنوان یکی از خلبانان باسابقه و مورد احترام نیروی هوایی شناخته می‌شد، به سمت ریاست بازرسی و ایمنی پرواز نیروی هوایی منصوب گشت و بجای او، سرهنگ موقت خلبان شادروان عباس بابایی که از خلبانان حزب‌اللهی به شمار می‌آمد، به سمت معاونت عملیات نیروی هوایی برگزیده شد.

شادروان بهرام هوشیار از جمله خلبانانی بود که در شرایط بحرانی آغاز جنگ، نیروی هوایی از هم گسیخته کشور را با تیمی از خلبانان ارشد بازسازی و سازماندهی کرد و با واکنش سریع به حملات عراق، آسیب‌های سنگینی به نیروهای هوایی دشمن وارد آورده بود.

با انتقال شادروان هوشیار به بازرسی، فرمانده پایگاه هشتم شکاری در اصفهان، سرهنگ دوم موقت خلبان شادروان عباس بابائی نیز به درجه سرهنگی ارتقاء و بسمت معاونت عملیات نیروی هوائی منتصب گشت.

معاونت عملیات از مسئولیت‌های بسیار مهم در نیروی هوایی به شمار می‌رود، زیرا سازماندهی، آموزش، هدایت، و نظارت بر طرح‌های عملیاتی و پروازهای رزمی را شامل می‌شود. خلبانی که به این سمت گماشته می‌شود، معمولاً باید از افسران باسابقه باشد که مراحل مختلف فرماندهی را طی کرده و دوره‌های ستادی و فرماندهی را گذرانده باشد. با این حال، انتصاب شادروان عباس بابایی به معاونت عملیات نیروی هوایی در حالی صورت گرفت که او فاقد شرایط و تجربه لازم برای این مقام مهم بود.

٭٭٭٭٭

جلیل پوررضائی

اولین روزهای فرماندهی

جنگ با عراق همچنان در جریان است. من به‌عنوان فرمانده پایگاه در اتاق فرماندهی نشسته‌ام و تلفن‌های پست فرماندهی پی‌درپی زنگ می‌خورند، هر کدام به‌دنبال دریافت دستوراتی از من.

افسر پست فرماندهی اطلاع می‌دهد: "سیستم سوخت‌گیری هواپیمای فانتوم که مسئولیت گشت رزمی هوایی جزیره خارک را بر عهده دارد، دچار مشکل شده و در حال بازگشت به پایگاه برای فرود است. رادار بوشهر برای جایگزینی این هواپیما، دستور اسکرمبل ۱ داده و خلبان هواپیمای جدید را روشن کرده است، اما یکی از سیستم‌های هیدرولیک کار نمی‌کند. او به سراغ هواپیمای رزرو رفته، ولی ژنراتوری که باید برق و هوای فشرده به هواپیما بدهد، روشن نمی‌شود. چه دستوری می‌دهید؟"

رئیس تأسیسات و مهندسی پایگاه نیز اطلاع می‌دهد: "تعمیر چراغ‌های باندهای پروازی با مشکل مواجه شده و باند برای پروازهای شبانه آماده نخواهد شد. چه دستوری می‌دهید؟"

گردان نگهداری پایگاه گزارش می‌دهد: "هواپیمای ترابری که قرار بود قطعات مورد نیاز هواپیماها را از تهران بیاورد، به‌دلیل نقص فنی پس از پرواز برگشته و در تهران نشسته است؛ بنابراین قطعات امروز نمی‌رسند. چه دستوری می‌دهید؟"

افسر پست فرماندهی تلفن بعدی را که زنگ می‌خورد، برمی‌دارد و با گفتن "سلام، حاج‌آقا" رو به من کرده و می‌گوید: "حاج‌آقا صداقت، رئیس دایره عقیدتی و سیاسی پایگاه، می‌خواهد با شما صحبت کند."

---

۱) Scramble آژیری هست که در اطاق خلبانان آماده بصدا در میآید، و خلبانان در زمانی کوتاه پرواز میکنند.

۱۷۰

گوشی تلفن را از او می‌گیرم و می‌گویم: "الو."

حاج‌آقا صداقت می‌گوید: "سلام علیکم".

پاسخ می‌دهم: "سلام حاج‌آقا".

می‌پرسد: "جناب سرهنگ، این چه وضعی است؟"

با تعجب جواب می‌دهم: "چی شده؟ چه وضعی؟"

با لحن تندی پاسخ می‌دهد: "ملت شهید داده‌اند، ولی هنوز هم در پایگاه اعمال خلاف شرع صورت می‌گیرد".

می‌گویم: "چه کار خلاف شرعی صورت گرفته؟ من که ....."

حرفم را قطع می‌کند و می‌گوید: "در زمان فرماندهی سرهنگ سفیدموی آذر، یک افسر وظیفه دندانپزشک که در هتل باشگاه افسران پایگاه ساکن است، با دختری که نرس بیمارستان است، رابطه نامشروع داشته و قرار بود هر دو از پایگاه اخراج شوند؛ اما این کار انجام نشده و خبر داده‌اند که آن دختر هر شب در اتاق آن افسر به سر می‌برد. شما دستور بدهید که هر دو را از پایگاه اخراج کنند".

پاسخ می‌دهم: "حاج‌آقا، من هیچ خبری در این مورد ندارم. قبل از هر اقدامی باید موضوع را بررسی کنم که واقعیت چیست".

دوباره با لحن تندتری پاسخ می‌دهد: "جناب سرهنگ، این موضوع نیازی به بررسی ندارد و ...."

حرفش را قطع می‌کنم و می‌گویم: "حاج‌آقا، شما نمی‌توانید برای من تعیین تکلیف کنید. تا زمانی که بررسی نکرده باشم، دستوری نخواهم داد".

مکالمه‌مان به پایان می‌رسد. گوشی را روی تلفن قرار داده و با خود فکر می‌کنم:

"هواپیماهای دشمن ممکن است هر لحظه به ترمینال نفتی خارک، که شاهرگ حیاتی کشور است، حمله کنند. چراغ‌های باند اصلی پروازی تا فردا تعمیر نمی‌شود. هواپیماهایی که قرار است فردا پرواز کنند، به‌دلیل نرسیدن قطعات زمین‌گیر خواهند بود. و این تلفن مضحک که طرف می‌خواهد بدون بررسی، حکم اجرا شود. خدایا، خودت کمکم کن."

پس از انجام چند کار ضروری، به مسئول بازرسی پایگاه دستور دادم موضوعی را که حاج‌آقا صداقت مطرح کرده بود، بررسی کند.

نتیجه بررسی که روز بعد به اطلاع من رسید، نشان می‌داد که آن افسر دندانپزشک و خانم نرس به هم علاقه داشته‌اند و شب‌ها مخفیانه همدیگر را ملاقات می‌کردند. این دیدارها توسط عوامل حاج‌آقا کشف شده و به فرمانده قبلی پایگاه، سرهنگ سفیدموی آذر، گزارش می‌شود. او هم که یک حزب‌اللهی تندرو بشمار می‌آمد، دستور اخراج هر دو را از پایگاه صادر کرده بود. در ادامه گزارش آمده بود که این زوج حدود یک هفته پیش ازدواج کرده‌اند و اکنون در یک اتاق زندگی می‌کنند.

بلافاصله به آجودان دستور دادم که تلفن حاج‌آقا صداقت را بگیرد. نتیجه بررسی را به اطلاع او رساندم و با طعنه اضافه کردم: "حالا اگر زندگی کردن یک زن و شوهر با یکدیگر در یک اتاق ممنوع است، بفرمایید تکلیف شرعی آن چیست؟"

*****

هجرت خلبانان ناراضی از کشور

در بحبوحه اوایل جنگ، گهگاه زمزمه‌هایی از برخی دوستان خلبان می‌شنیدم که معتقد بودند مقامات جمهوری اسلامی ایران، با سخنرانی‌ها و اقدامات خود در راستای صدور انقلاب به عراق، در امور داخلی آن کشور دخالت کرده و نهایتاً صدام را به تجاوز به خاک ایران واداشته‌اند.

این دسته از خلبانان، تمایلی به جنگ و بیرون راندن دشمن از خاک خود نداشتند و حتی روحیه بقیه خلبانان را نیز متزلزل می‌کردند. من در بحث‌های دوستانه همواره به این گروه می‌گفتم: "در هر جای دنیا وقتی جنگی رخ می‌دهد، دست‌کم یکی از طرفین متخاصم و یا حتی هر دو، باعث بروز آن جنگ شده‌اند. وظیفه یک سرباز، زمانی که دشمن به خاک کشورش تجاوز کرده، این نیست که بنشیند و به دنبال مقصر بگردد؛ بلکه وظیفه ملی و وجدانی او در برابر وطن و مردمش این است که دشمن را از خاک کشورش بیرون براند".

با این حال، فقدان امنیت شغلی و پاکسازی‌های گاه و بیگاهی که در نیروی هوایی صورت می‌گرفت، باعث نارضایتی بسیاری از خلبانان شده بود؛ تا جایی که برخی از آنها حتی به فرار با هواپیما به خارج از کشور و ترک وطن تمایل پیدا کرده و آن را به ماندن در ایران ترجیح می‌دادند.

در صفحات بعد، تنها به شرح برخی از این فرارها پرداخته‌ام.

*****

جلیل پوررضائی

خروج ناگهانی یک فروند اف-٤ از پایگاه بوشهر

اولین خلبانی که از بوشهر به عربستان سعودی پرواز کرد، ستوان‌یکم خلبان حسن منصوری بود. در گذشته، حسن در مأموریت بمباران نیروگاه برق الزبیر عراق در بال من پرواز کرده بود.

در آن زمان، من هنوز رئیس عملیات پایگاه بودم و برای شرکت در یک کمیسیون عملیاتی به ستاد نیروی هوایی در تهران رفته بودم. پس از پایان جلسه، شنیدم که یکی از فانتوم‌های پایگاه ما به خلبانی حسن منصوری در عربستان سعودی فرود آمده است.

پس از بازگشت به بوشهر، متوجه شدم که حسن منصوری، که در موقعیت شماره ۳ یک دسته سه فروندی به رهبری سرگرد خلبان ناصر رضایی قرار داشت، در یک پرواز آموزشی بمباران که در ارتفاع پایین و در نزدیکی پایگاه انجام می‌شد، در یک گردش به چپ، از موقعیت استفاده کرده و به سمت راست و به سوی عربستان سعودی پرواز کرده است، چرا که می‌دانست لیدر دسته نمی‌تواند هواپیمای او را ببیند.

از آنجا که پرواز هر سه فروند در ارتفاع پایین انجام می‌شد، رادار بوشهر نیز متوجه تغییر مسیر این هواپیما به‌سمت عربستان نشد، تا اینکه حسن منصوری روی فرکانس اضطراری با برج کنترل ظهران در عربستان تماس گرفت.

برج کنترل ظهران ابتدا به او اجازه فرود نمی‌دهد، اما حسن منصوری بدون اجازه فرود می‌آید و تقاضای پناهندگی می‌کند.

٭٭٭٭٭

خروج یک فروند اف ٤ دیگر

در اوایل شهریور ۱۳٦۳، در حالی که در دفتر کار خود به رسیدگی امور مشغول بودم، زنگ هات‌لاین پست فرماندهی به صدا درآمد و افسر پست فرماندهی به من اطلاع داد که افسر رادار گزارش کرده است یکی از هواپیماهای پایگاه که برای گشت رزمی هوایی جزیره خارک به پرواز درآمده بود، با صحنه سازی شبیه به کشف یک فروند هواپیمای دشمن در ارتفاع پایین، به سمت شمال غربی خلیج فارس پرواز کرده است. این هواپیما در حال حاضر بالای اسکله‌های البکر و الامیه قرار دارد و به دستورات رادار برای بازگشت توجهی نمی‌کند و در حال فرار به داخل خاک عراق است.

دقایقی بعد به من اطلاع دادند که هواپیمای ما وارد خاک عراق شده و توسط دو فروند هواپیمای جنگنده دشمن اسکورت می‌شود. همان شب، تلویزیون‌های کشورهای حاشیه خلیج فارس گزارش فرود هواپیمای ما را پخش کردند؛ در حالی که خلبان کابین جلوی آن به سمت فیلمبرداران دست تکان می‌داد. کابین جلو، سروان خلبان رحمان قناعت‌پیشه بود.

قناعت‌پیشه از جمله خلبانان خوبی بود که در اوایل جنگ در کابین عقب من چندین پرواز رزمی انجام داده بود و پس از ارتقا به خلبانی کابین جلوی اف-٤، در تعداد قابل توجهی از پروازهای جنگی نیز شرکت کرده بود. گفته می‌شد که برادر این خلبان، به ظاهر به اتهام قاچاق مواد مخدر توسط مأمورین رژیم دستگیر و به اعدام محکوم شده بود. رحمان برای نجات جان برادرش به فرمانده وقت پایگاه، سرهنگ خلبان سفیدموی آذر، متوسل شد، اما وساطت او نتیجه‌ای نداشت. پس از آن، قناعت‌پیشه از رئیس عقیدتی و سیاسی هواپیمایی کشوری، حاج‌آقا مقدسی، که رابطه خوبی با خلبانان داشت، کمک خواست و تهدید کرد که در صورت اعدام برادرش، دست به کارهای خطرناکی خواهد زد. حاج‌آقا مقدسی تهدیدات او را جدی نگرفته بود و سعی کرد او را نصیحت کند.

نکته جالب این بود که فرمانده حفاظت و اطلاعات پایگاه —

(ضد اطلاعات پیش از انقلاب)، با وجود اطلاع از جزئیات ماجرا، به جای آنکه من یا فرمانده گردان، و رئیس عملیات را از این موضوع مطلع کند، تنها به نامه نگاری با فرماندهی حفاظت و اطلاعات ستاد نیروی هوایی پرداخته بود ۱.

بعد که از فرمانده گردان ۶۱ شکاری پرسیدم آیا تغییری در رفتار رحمان قناعت‌پیشه مشاهده کرده بود، او پاسخ داد که نه خود او و نه دوستانش تغییری در رفتار وی ندیده بودند.

فرار این خلبان به خاک دشمن ضربه بزرگی برای تمامی خلبانان بود. هیچ عذری نمی‌تواند توجیه‌کننده پناهندگی یک خلبان به دشمن، آن هم در زمان جنگ، باشد.

*****

---

۱) حفاظت و اطلاعات پایگاهها تحت امر فرمانده آن پایگاه قرار نداشت.

هواپیمای حمل و نقل در آسمان ربوده شد

روزی دیگر که در پست فرماندهی بودم و به مکالمات رادیویی بین رادار بوشهر و هواپیماهای خودمان گوش می‌دادم، ناگهان شنیدم که رادار به یکی از هواپیماهای ما اطلاع می‌دهد که یک فروند هواپیمای حمل و نقل سی-۱۳۰ پر از مسافر که از تهران پرواز کرده و عازم جزیره کیش بوده است، در نزدیکی شیراز ربوده شده و هواپیما ربا از فرمانده هواپیما خواسته است به سمت عربستان پرواز کند.

رادار بوشهر پس از اعلام این خبر، به هواپیمای ما دستور داد که در بال هواپیمای سی-۱۳۰ قرار بگیرد و منتظر دستورات بعدی باشد.

دقایقی بعد، هواپیمای ما به خلبانی سروان خلبان سیروس باهری به نزدیکی هواپیمای ربوده‌شده رسید و هواپیما ربا را تهدید کرد که اگر در جزیره کیش فرود نیاید، او هواپیما را به رگبار خواهد بست.

هواپیما ربا نیز در پاسخ گفت: "خلبان فانتوم، من از جانم گذشته‌ام. شصت، هفتاد نفر زن و بچه پرسنل در این هواپیما هستند که با انهدام هواپیما همه آن‌ها کشته می‌شوند. فکرهایت را بکن".

به‌محض پایان تهدید هواپیما ربا، میکروفن رادیو را برداشتم و به سیروس که از خلبانان حزب‌اللهی بحساب می‌آمد، دستور دادم که از دستورات رادار پیروی کند و هیچ عمل خودسرانه‌ای انجام ندهد.

دقایقی بعد، رادار بوشهر۱ به سیروس باهری دستور داد که هواپیمای ربوده‌شده را که اکنون وارد آب‌های خلیج فارس شده بود، رها کرده و به پایگاه بازگردد. افسر هواپیماربا یکی از ناوبران سی-۱۳۰ بود که به‌عنوان-

---

۱) در سازمان نیروی هوائی، رادار ها از نظرعملیاتی مستقل بوده و تحت امر فرماندهی پدافند هوائی قراردارند. خلبانان در پروازهای رهگیری همواره از دستورات رادار پیروی میکنند. در اینگونه مواقع، فرماندهی نیروی هوائی در جریان قرار گرفته، و او پس از کسب تکلیف از مقامات مملکتی، دستورات لازم را میدهد.

جلیل پوررضائی

مسافر سوار هواپیما شده بود.

همچنان که به مکالمات رادیویی گوش می‌کردم، شنیدم که هواپیما ربا روی فرکانس اضطراری با برج کنترل پایگاه هوایی ظهران در عربستان سعودی تماس گرفته و درخواست فرود در باند آن‌ها را میکند. پس از تماس هواپیما ربا با برج کنترل ظهران، فردی که انگلیسی را با لهجه عربی صحبت می‌کرد، به او پاسخ داد: "پست فرماندهی ما به شما اجازه فرود نمی‌دهد و باید فضای عربستان را ترک کنید".

این صدا متعلق به یکی از خلبانان دو فروند اف-۵ نیروی هوایی عربستان سعودی بود که هواپیمای ما را رهگیری کرده و در مجاورت آن قرار گرفته بودند. تلاش هواپیماربا برای فرود در عربستان به نتیجه‌ای نرسید و هواپیماهای اف-۵ عربستان، هواپیمای سی-۱۳۰ را تا مرز کویت اسکورت کردند.

سپس، هواپیما ربا از برج کنترل کویت درخواست فرود، سوخت‌گیری و پرواز به مقصد مصر را کرد، که مقامات با این درخواست موافقت کردند. این هواپیما بعداً در مصر فرود آمد و پس از پیاده شدن هواپیما ربا، به سمت ایران بازگشت و مسافران خود را در جزیره کیش پیاده کرد.

*****

ربودن یک فروند هواپیمای گشت دریائی در آسمان

هواپیمای P3-F یک هواپیمای گشت دریایی است که معمولاً بر فراز خلیج فارس، دریای عمان، و اقیانوس هند پرواز می‌کند و حضور ناوها و زیردریایی‌های کشورهای دیگر را به نیروی دریایی گزارش می‌دهد.

در یکی از پروازهای گشت دریایی بر روی دریای عمان، یکی از همافران که متخصص الکترونیک هواپیما بود، خلبان را با تهدید به نارنجک وادار کرد تا به سمت خاک عمان پرواز کرده و در فرودگاه مسقط فرود آید. با این حال، مقامات فرودگاه نه تنها به او اجازه فرود ندادند، بلکه باندهای پروازی را با قرار دادن چندین خودرو در طول آن مسدود کردند.

هواپیما ربا که می‌دانست بازگشت به ایران مجازات سنگینی در پی خواهد داشت، ناچاراً با چتر نجات از هواپیما خارج شد.

٭٭٭٭٭

جلیل پوررضائی

هواپیمای سی ۱۳۰ دیگری در عربستان فرود می‌آید

در زمان سلطنت پهلوی، اغلب دانشجویان خلبانی ایران برای آموزش به آمریکا اعزام می‌شدند. با شروع انقلاب اسلامی و قطع روابط بین ایران و آمریکا، تمامی این دانشجویان بدون تکمیل دوره‌های خلبانی به ایران بازگردانده شدند. این دانشجویان سپس بین پایگاه‌های شکاری و ترابری تقسیم شده و به آن‌ها عنوان "منتظر آموزش" داده شد.

دو تن از این دانشجویان منتظر آموزش که به پایگاه هوایی شیراز تعلق داشتند، همراه با همسران خود برای تعطیلات به تهران رفته بودند. پس از پایان مدت مرخصی، به‌عنوان مسافر به همراه همسرانشان سوار یک فروند هواپیمای سی-۱۳۰ شدند که از تهران به مقصد جزیره کیش و سپس شیراز پرواز می‌کرد.

این دانشجویان که لباس پرواز بر تن داشتند و می‌توانستند مانند سایر کارکنان به کابین خلبانان دسترسی داشته باشند، به محض رسیدن به نزدیکی جزیره کیش، با تهدید خلبانان به وسیله نارنجک، آن‌ها را وادار کردند که به‌سمت عربستان سعودی پرواز کنند.

مقامات فرودگاه ظهران این بار نیز به هواپیما اجازه فرود ندادند و باندهای پروازی را با قرار دادن چندین خودرو مسدود کردند. هواپیما ربایان که به‌نظر می‌رسید چاره‌ای دیگر نداشتند، خلبانان را وادار کردند که در یکی از بزرگراه‌های نزدیک ظهران فرود آیند.

شگفت آور بود که این هواپیمای عظیم بدون برخورد با موانعی که معمولاً در اطراف جاده‌ها وجود دارند، به‌سلامت فرود آمد. پس از پیاده شدن هواپیما ربایان و همسرانشان، هواپیما بار دیگر بدون حادثه‌ای پرواز کرد و مسافران خود را ابتدا در جزیره کیش و سپس در شیراز پیاده نمود.

❋❋❋❋❋

جنگ کماکان ادامه دارد

سال ۱۳٦٤ (۱۹۸۵)

قسمت اعظم خاک ایران و خلیج فارس به جولانگاه هواپیمای میگ-۲۵ عراق تبدیل شده است. جمهوری اسلامی ایران به دلیل سیاست‌های خاص خود در انزوا به سر می‌برد و هیچ‌یک از کشورهای تولیدکننده سلاح حاضر به فروش هواپیمای جنگنده به ایران نیستند. این در حالی است که شوروی و فرانسه تلفات نیروی هوایی عراق را جبران می‌کنند.

در سال ۱۳٦۰، فرانسه به‌جای پنج هواپیمای اجاره‌ای سوپراتندارد، میراژهای مجهز به موشک‌های لیزری را به عراق صادر میکند. این هواپیماها قادر بودند اهداف خود را با دقت بالا منهدم کنند. خلبانان این هواپیماها مستقیماً اشعه لیزر را به هدف میتابیدند و سپس موشک را رها می‌کردند، در حالی که هواپیماهای اف-٤ دی ما نیاز داشتند که یک هواپیمای دیگری بالای هدف در حال چرخش بماند و اشعه لیزر را بتاباند تا هواپیماهای حامل بمب، بمبهای خود را در محدوده انعکاس اشعه رها کنند.

نیروهای زمینی ایران بخش بزرگی از خاک کشور را بازپس گرفته و در تلاش بودند تا با اشغال بصره و فاو عراق، دولت ایران بتواند از موضع قدرت با عراق مذاکره کند. به‌دلیل تلفات شدید هواپیماهای جنگنده اف-٤ و اف-٥، اغلب هواپیماهای باقی‌مانده به پدافند هوایی اختصاص یافته و پروازهای برون مرزی بیشتر به عنوان عمل مقابله به مثل انجام می‌شد. بمباران نیروهای زمینی عراق نیز بی‌وقفه توسط پایگاه‌های شاهرخی و بوشهر از ارتفاع بالای ٤۰,۰۰۰ پا ادامه داشت.

در یکی از روزهای بهار ۱۳٦٤، که در پست فرماندهی پایگاه حضور داشتم، افسر پست فرماندهی به من اطلاع داد که رادار بوشهر گزارش داده است که به علت طوفان گرد و غبار، هواپیماهای پایگاه‌های هوایی وحدتی و امیدیه قادر به پرواز نیستند، و او ناچار شده که هواپیمایی را که برای گشت رزمی هوایی جزیره خارک اختصاص داده شده، برای رهگیری -

هواپیمای دشمن به غرب دزفول اعزام کند و یکی از هواپیماهای آماده را به پرواز درآورده و جایگزین آن نماید.

نگاهی به لیست خلبانانی که روی تابلوی روبرو قرار داشت انداختم. خلبانی که قرار بود برای رهگیری هواپیمای دشمن اعزام شود، سروان خلبان پرویز دهقان بود که از خلبانان خوب پایگاه محسوب می‌شد.

از آنجا که این هواپیما نهایتاً به رادار دزفول واگذار می‌شد، از افسر رادار بوشهر خواستم که به رادار دزفول تأکید کند مراقب هواپیمای ما باشد، و خودم در کنار رادیو منتظر بازگشت پرویز ماندم.

در درگیری‌های هوایی، معمولاً برای رهگیری هواپیماهای دشمن از حداقل دو فروند هواپیما استفاده می‌شود؛ اما به‌دلیل تلفات سنگین نیروی هوایی و کمبود هواپیما، ناچار بودیم تنها یک هواپیما را به این کار اختصاص دهیم.

نیم ساعتی از اعزام پرویز برای رهگیری هواپیمای دشمن نگذشته بود که افسر پست فرماندهی با لحن مضطربی به من اطلاع داد: "رادار بوشهر می‌گوید رادار دزفول اعلام کرده است که تماس رادیویی هواپیمای ما با آن‌ها قطع شده و متعاقباً هواپیما در منطقه رقابیه از صفحه رادار محو گشته است".

از کنترلر رادار بوشهر پرسیدم: "ارتفاع هواپیمای اف-٤ ما وقتی که تماس رادیویی قطع شد، چقدر بود؟"

پاسخ داد: "بیست هزار پا".

با خشم فریاد زدم: "آخه کدوم راداری هواپیمای خودش رو با این ارتفاع به نزدیکی مرز دشمن می‌فرسته"!

شکی برایم باقی نمانده بود که هواپیمای ما توسط دشمن سرنگون شده است.

جبهه رقابیه تنها چند مایل با مرز فاصله داشت و هر هواپیمایی که در ارتفاع بیست هزار پا پرواز می‌کرد، در معرض دید رادارهای دشمن قرار می‌گرفت. بعدها مشخص شد که در ابتدا رادار دزفول هواپیماهای دشمنی را که وارد خاک ایران می‌شدند، در صفحه رادار خود داشت؛ اما در جریان رهگیری، آن‌ها از صفحه رادار ناپدید شدند. خطای جبران ناپذیر کنترلر رادار دزفول در این بود که اولاً نباید هواپیمای خودی را در این ارتفاع به نزدیکی مرز هدایت می‌کرد و ثانیاً به‌محض از دست دادن هواپیماهای دشمن، می‌بایست فوراً دستور بازگشت را به هواپیمای خودی صادر می‌کرد.

با دو یا سه تماس تلفنی، متأسفانه حدس من به یقین تبدیل شد. پرویز به‌همراه خلبان کابین عقب خود در جبهه رقابیه سقوط کرده بودند و خبری از سرنوشت آنان در دست نبود.

با توجه به اینکه محل سقوط هواپیما به پایگاه هوایی وحدتی نزدیک بود، برای کسب اطلاع از عملیات جستجو و نجات با فرمانده آن پایگاه تماس گرفتم. او گفت: "هلی‌کوپتر جستجو و نجات در حال نزدیک شدن به محل سانحه است".

پاسخ دادم: "خودم دارم میام".

از نماینده گردان نگهداری که در پست فرماندهی حضور داشت خواستم یک فروند اف-۴ آماده کنند تا به وحدتی پرواز کنم. ظرف مدت کوتاهی هواپیما آماده شد و حدود بیست دقیقه پس از پرواز، در وحدتی فرود آمدم. سپس سوار خودرویی شدم که در انتظارم بود و از راننده خواستم که مرا به پست فرماندهی پایگاه ببرد.

در آنجا به من خبر دادند که خلبانان، که با چتر نجات فرود آمده بودند، توسط نیروهای سپاه پاسداران پیدا شده و هر دو به بیمارستان شهرستان سوسنگرد منتقل شده‌اند.

برای اطلاع از وضعیت جسمانی خلبانان، از فرمانده پایگاه درخواست –

کردم که یک هلی‌کوپتر در اختیارم قرار دهد تا به سوسنگرد بروم. همان خودرو بلافاصله مرا به پای هلی‌کوپتر برد و نیم ساعت بعد، هلی‌کوپتر در حیاط بیمارستان سوسنگرد فرود آمد.

جراح بیمارستان که به‌دلیل سر و صدای هلی‌کوپتر در بیرون درب ورودی بیمارستان ایستاده بود، به من اطلاع داد که هر دو خلبان با چتر نجات به بیرون پریدند؛ اما چتر نجات خلبان کابین عقب به طور کامل باز نشد و او در اثر برخورد با زمین جان خود را از دست داده است. شدت جراحات وارد شده به خلبان کابین جلو نیز به حدی بود که ناچار شدند دست چپ او را از بالای آرنج قطع کنند. مفاصل دست راست او نیز به حدی آسیب دیده بود که برای مداوای بیشتر باید هر چه زودتر به بیمارستان مرکزی نیروی هوایی در تهران منتقل شود.

به اتاقی که پرویز در آن بستری بود وارد شدم. او از اینکه دست چپش قطع شده بود اطلاعی نداشت و به‌دلیل تزریق داروهای مسکن، در حالت نیمه هوشیار قرار داشت. همچنین از مرگ کابین عقبش نیز بی‌خبر بود؛ به او گفته بودند که او در اتاقی دیگر بستری است.

پرسیدم: "پرویز، چطوری؟"

پاسخ داد: "جناب سرهنگ، خوبم؛ فقط دست چپم خیلی سنگین است".

به زحمت بغضم را فرو بردم و گفتم: "همین امشب ترتیبی میدم که فردا تو را به بیمارستان مرکزی نیروی هوایی منتقل کنند. ان‌شاءالله به‌زودی خوب میشی. می‌تونی خلاصه‌ای از ماجرا را برام تعریف کنی؟"

او با دقت آنچه را که پیش‌تر شرح دادم، برایم تعریف کرد.

سپس پرویز از من خواست که می‌خواهد با پسرش شاهین صحبت کند.

در بیمارستان سوسنگرد تنها یک تلفن در دفتر رئیس بیمارستان وجود داشت که حدود صد متر با اتاق پرویز فاصله داشت. با پادگان نیروی زمینی که در نزدیکی شهر قرار داشت تماس گرفتم و درخواست کردم که تلفن دفتر رئیس بیمارستان را به اتاق پرویز وصل کنند.

سپس به همسرم، هما، در بوشهر زنگ زدم و از او خواستم که همسر پرویز و پسرش را به خانه ما ببرد تا بتوانند از تلفن راه دور ما استفاده کنند.

مخابرات پادگان نیروی زمینی در کمتر از یک‌ساعت ، تلفن دیگری را در اتاق پرویز نصب و آن را به تلفن رئیس بیمارستان وصل کرد. دوباره به بوشهر زنگ زدم و از هما خواستم تا گوشی را به همسر پرویز بدهد. سپس پرویز را تنها گذاشتم تا بتواند با همسر و پسرش به‌راحتی صحبت کند.

پس از پایان مکالمه، به اتاق پرویز برگشتم و تا صبح در کنار بستر او ماندم. پرویز روحیه بسیار قوی داشت. هر وقت حال او را می‌پرسیدم، شکایتی نمی‌کرد و می‌گفت حالش خوب است.

فردای آن شب، پرویز را با یک هواپیمای مسافربری اف-۲۷ نیروی هوایی به تهران منتقل کردند. او شاید نمیدانست که جسد خلبان کابین عقب او نیز با همان هواپیما حمل می‌شود.

❊❊❊❊❊

جلیل پوررضائی

بمباران شهر بوشهر

به‌عنوان فرمانده پایگاه هوایی بوشهر، از مقامات استان به‌شمار می‌رفتم
و قاعدتاً باید در مراسم نماز جمعه که هر هفته در میدان نماز جمعه شهر
برگزار می‌شد، شرکت می‌کردم. این مراسم همواره یکی از اهداف مخالفین
جمهوری اسلامی برای بمب‌گذاری و ترور امام جمعه و سایر مقامات شهر
و استان بوشهر بود.

مسئولین حفاظت جایگاه نماز جمعه، به‌منظور حفظ جان مقامات،
بخشی کوچک از صحن نماز را در جلوی صف اول به آن‌ها اختصاص داده
و با نرده‌های فلزی از بقیه نمازگزاران جدا کرده بودند. از نظر من، این اقدام
تنها هدف را برای مخالفین مشخص‌تر می‌کرد و می‌توانست به آنان اجازه
دهد که با یک بمب‌گذاری، شمار زیادی از مقامات را ترور کرده و امور
استان را مختل کنند.

با این حال، علاقه‌ای به شرکت در نماز جمعه نداشتم. پس از سال‌ها
درگیر بودن در پروازهای رزمی و خطرات جنگ، تمایلی نداشتم که در
چنین مکانی و به‌دلیل یک عملیات تروریستی کشته شوم. علاوه بر این،
سخنرانی‌های پیش از نماز جمعه بسیار طولانی و خسته‌کننده بود و
حوصله‌ام را سر می‌برد. به همین دلایل، از شرکت در این مراسم طفره
می‌رفتم و در پاسخ به طعنه حاج‌آقا مدنی، امام جمعه بوشهر، که می‌پرسید:
"جناب سرهنگ، شما را در نماز جمعه زیارت نمی‌کنیم"، درگیری‌های
جنگی را بهانه می‌آوردم.

در تابستان ۱۳٦٤، حدود دو ماهی بود که در هیچ نماز جمعه‌ای
شرکت نکرده بودم، اما تصمیم گرفتم بار دیگر در این مراسم حضور پیدا
کنم.

حدود ساعت ۱۱:۰۰، لباس پروازم را که همواره یونیفرم اصلی من
به‌شمار می‌رفت، به تن کردم و در باغچه جلوی منزل سازمانی منتظر راننده
بودم. همسرم، هما، که آن روز برای ناهار سبزی پلو با ماهی آماده کرده –

۱۸٦

بود، در حالی که پریا را در آغوش داشت، از من می‌خواست که به نماز جمعه نروم.

گونه پریا را بوسیدم و مشغول صحبت با هما بودیم که ناگهان آژیر حمله هوایی به صدا درآمد.

فرزند سوم ما، پریا در شهریور ۱۳۶۱ در بوشهر بدنیا آمد.

از راست به چپ، پریا، برادرش، پورنگ و خواهرش، پرند.

عکس: از آلبوم نویسنده.

به داخل خانه پریدم، گوشی هات‌لاین پست فرماندهی را برداشتم و پرسیدم: "آژیر حمله هوایی رو برای چه به صدا در آوردید؟"

افسر پست فرماندهی پاسخ داد: "رادار اعلام کرده که یک فروند میگ-۲۵ دشمن با سرعت دو و نیم برابر صوت در ارتفاع ۷۵٬۰۰۰ پایی از بالای اسکله نفتی نوروز عبور کرده و در حال نزدیک شدن به بوشهر است. آن‌ها در تلاش‌اند این هواپیما را با یک فروند اف-۱۴ رهگیری کنند".

چند دقیقه بعد، صدای انفجار چند بمب همه جا را به لرزه درآورد.

بلافاصله با برج کنترل فرودگاه که بر شهر و پایگاه اشراف داشت، تماس گرفتم و پرسیدم: "بچه‌ها، چه خبر؟"

مسئول برج کنترل با عجله پاسخ داد: "جناب سرهنگ، از چند نقطه شهر خاک و دود به هوا بلند شده".

سریع به داخل خودرویی که به دنبال من آمده بود پریدم و همراه با چند تن از مسئولین پایگاه برای بررسی خسارات و کمک‌رسانی به سمت شهر حرکت کردیم.

یکی از بمب‌ها که وزن آن دو هزار پوند بود، در فاصله یک کیلومتری جایگاه نماز جمعه روی سقف یک مدرسه فرود آمده و آن را کاملاً زیر و رو کرده بود. خوشبختانه، روز جمعه بود و مدرسه تعطیل؛ بنابراین هیچ‌یک از دانش‌آموزان و معلمان در مدرسه حضور نداشتند.

بمب دوم روی خانه‌ای فرود آمده بود و تمامی اعضای خانواده که هفت نفر بودند، در انفجار تکه‌تکه شده بودند. بسیاری از خانه‌های اطراف نیز آسیب دیدند، اما ساکنان آن‌ها جان سالم به در بردند.

بمب سوم به زمین فوتبالی خاکی برخورد کرده، اما منفجر نشده بود. بمب چهارم نیز دقیقاً روی توالت خانه‌ای فرود آمده بود و مانند بمب سوم عمل نکرده بود.

بازدید فرمانده نیروی هوائی و نماز ظهر

مدت زیادی بود که طبق بخشنامه‌ای از مدیریت عقیدتی و سیاسی نیروی هوایی، کار در تمامی یکان‌ها به‌مدت یک ساعت متوقف می‌شد و پرسنل باید نماز ظهر و عصر را در نمازخانه‌های ادارات خود ادا می‌کردند، همان‌گونه که در سایر نیروها و سازمان‌های دولتی انجام می‌شد. در پایگاه بوشهر نیز، مانند سایر ادارات، اغلب پرسنل از این تصمیم استقبال نکرده و این زمان را به امور شخصی یا کارهای متفرقه می‌پرداختند. سپس، از نیروی هوائی بخشنامه دیگری صادر شد که نماز ظهر به‌صورت متمرکز و در یک مکان واحد برگزار شود.

مسئولین عقیدتی و سیاسی گمان می‌کردند که تعداد اندکی از افراد که نماز ظهر و عصر را در نمازخانه‌های مختلف پایگاه بجا می‌آوردند، در نمازخانه مرکزی گرد هم خواهند آمد و جمعیت چشمگیری را تشکیل خواهند داد.

از آنجا که پس از انقلاب بودجه‌ای برای ناهار پرسنل در نظر گرفته نشده بود، سالن ناهارخوری دوهزار نفره درجه‌داران به نمازخانه تبدیل گشت. این سالن که ظرفیت میزبانی دوهزار نفر را دور میزهای چندنفره داشت، بدون میز و صندلی می‌توانست چند برابر این تعداد را برای نماز در خود جای دهد.

با وجود تلاش‌های حاج‌آقا صداقت، رئیس دایره عقیدتی و سیاسی پایگاه، برای تشویق پرسنل به شرکت در نماز، از میان حدود ده هزار تن کارکنان پایگاه، تقریبا سی تا چهل نفر پشت سر حاج‌آقا نماز می‌خواندند. حاج‌آقا صداقت از عدم استقبال پرسنل از نماز ظهر مکرراً نزد من گله می‌کرد و تلویحاً می‌خواست که حضور در نمازخانه را اجباری کنم. من نیز همیشه به او یادآور می‌شدم که امور عقیدتی و سیاسی از جمله وظایف خودش به‌شمار می‌رود.

در زمستان ۱۳۶۵، زمانی که سرهنگ خلبان هوشنگ صدیق، فرمانده نیروی هوایی، و حاج‌آقا غروی، رئیس دایره عقیدتی و سیاسی نیروی هوایی، –

برای بازدید به پایگاه آمده بودند، حاج‌آقا صداقت که گویا از درخواست‌هایش نزد من نتیجه‌ای نگرفته بود، در سر میز ناهار مجدداً مسئله عدم استقبال پرسنل از نماز ظهر و عصر را مطرح کرد. او با اشاره به من پیشنهاد داد: "بهتر است جناب سرهنگ پوررضائی عنایت بفرمایند دستور بدهند که همه پرسنل در نماز ظهر شرکت کنند".

پیش از آنکه وظایف دایره عقیدتی و سیاسی را به حاج‌آقا یادآوری کنم، فرمانده نیروی هوایی به من دستور داد: "جناب سرهنگ، شما حضور در نمازخانه را اجباری کنید و دستور بدهید که در ورودی نمازخانه آمار گرفته شود و هرکسی که غایب بود، تنبیه شود. پرسنل برای آن یک ساعت حقوق می‌گیرند".

پاسخ دادم: "جناب سرهنگ، با وجود اینکه اعتقادی به این رویه ندارم، اما دستور شما را اجرا می‌کنم. فقط می‌خواهم توجه حاج‌آقا را به آیه‌ای از قرآن جلب کنم که می‌گوید، لا اکراه فی الدین"...

حاج‌آقا غروی که تا آن لحظه ساکت نشسته بود، سخن مرا قطع کرد و گفت: "جناب سرهنگ، این اشتباه را همه می‌کنند؛ لا اکراه فی الدین در اصول است، یعنی انسان اختیار دارد که اسلام را بپذیرد یا نپذیرد. اما هرگاه اسلام آورد، دیگر نماز و روزه واجب میشود".

با توجه به دستور فرمانده نیروی هوایی، بحث بیشتری را جایز ندانستم و صبح فردا به آجودان خود دستور دادم که این دستور را به معاونت‌های عملیاتی، لجستیکی، پشتیبانی، و سایر فرماندهان یگان‌های مختلف پایگاه ابلاغ کند.

ظهر همان روز، دو سه هزار نفر برای ادای نماز در نمازخانه پایگاه جمع شدند. حاج‌آقا صداقت که گویا تاکنون پیشنماز جمعیتی به این عظمت نشده بود، از شادی در پوست خود نمی‌گنجید.

این وضعیت حدود یک هفته ادامه داشت. به من خبر می‌رسید که، -

برخی پرسنل هنگام نیت با شوخی می‌گویند: "چهار رکعت نماز به زور و اجبار می‌خوانم، قربةً الی الله".

پس از مدت کوتاهی، جمعیت نماز به‌تدریج کاهش یافت و تعداد نمازگزاران دوباره به همان سی تا چهل نفر سابق رسید.

❋❋❋❋❋

جلیل پوررضائی

قرارگاه نوح سپاه پاسداران

همان‌طور که در صفحات پیشین گفته شد، یکی از وظایف پایگاه هوایی بوشهر پشتیبانی از عملیات منطقه دوم دریایی بوشهر بود. از جمله مأموریت‌های منطقه دوم دریایی نیز، حفاظت از سکوهای نفتی فلات قاره ایران در بخش شمالی خلیج فارس در برابر حملات هوایی و دریایی عراق بود. آن‌ها با استقرار توپ‌های ضد هوایی بر روی سکوهای نفتی و انجام گشت‌های دریایی با هلی‌کوپترها و ناوچه‌های خود، این مأموریت را انجام می‌دادند.

جمهوری اسلامی ایران همان‌گونه که در برابر نیروی زمینی ارتش، سپاه پاسداران را ایجاد کرد، در منطقه دوم دریایی بوشهر نیز قرارگاهی به نام "قرارگاه نوح" تأسیس کرده و نماینده‌ای در پست فرماندهی آن مستقر نمود. قرارگاه نوح در حقیقت شاخه دریایی سپاه پاسداران محسوب می‌شد و به تعدادی قایق تند روی توپدار مجهز بود.

هر بار که برای هماهنگی اسکورت کاروان کشتی‌های تجاری به پست فرماندهی منطقه دوم دریایی می‌رفتم، مشاهده می‌کردم که افسران نیروی دریایی از حضور یک سپاهی که به زعم آنان چشم و گوش سپاه در پست فرماندهی آنها محسوب می‌شد، چندان رضایتی نداشته و با او برخوردی تمسخرآمیز دارند.

*****

حمله به سکوهای نوروز

تقریباً از زمان آغاز جنگ با عراق، عملیات رزمی نیروی دریایی در شمال خلیج فارس توسط گروهی رزمی متشکل از چند افسر قدیمی، به فرماندهی ناخدایکم قهرمان ملک‌زاده، از پست فرماندهی منطقه دوم دریایی بوشهر هدایت می‌شد.

حدود ساعت یک بامداد زمستان ١٣٦٤، تلفن خانه‌ام به صدا درآمد. با خود گفتم، "احتمالاً رادار باز هم یک تکه ابر را با هلی‌کوپتر دشمن اشتباه گرفته و می‌خواهد هواپیمایی را به پرواز درآورد." اما وقتی گوشی را برداشتم، متوجه شدم که این تماس از طرف ناخدایکم شادروان قهرمان ملک‌زاده، فرمانده جدید گروه رزمی منطقه دوم دریایی بوشهر است.

ناخدا ملک‌زاده با عجله گفت: "جناب سرهنگ، بچه‌های ما از اسکله نوروز خبر می‌دهند که ناوچه‌های اوزای عراقی از فاصله پنج–شش مایلی آن‌ها را به توپ بسته‌اند. مهمات توپچی‌های اسکله در حال اتمام است و ما در حال ارسال مهمات برای آن‌ها هستیم. از شما می‌خواهیم که با هواپیماهای خود این ناوچه را هر چه زودتر غرق کنید".

همان‌طور که به صحبت‌های او گوش می‌دادم، با خود فکر کردم: "ناوچه‌های اوزا می‌توانند با موشک‌های خود اهداف دریایی را از فاصله حدود ٢٥ مایلی مورد اصابت قرار دهند، و بعید است خود را به خطر انداخته و به چند مایلی اسکله نوروز نزدیک شوند. از طرفی، چرا این جناب ناخدا از ناوچه‌های خودشان که در همان نزدیکی اسکله هستند، استفاده نمی‌کند؟"

پاسخ دادم: "جناب ناخدا، اولاً حضور ناوچه دشمن در چند مایلی اسکله کمی مشکوک به نظر می‌رسد، چون می‌تواند از فاصله ٢٥ مایلی اسکله را موشک باران کند. ثانیاً، زدن ناوچه‌های دشمن در تاریکی شب از مسئولیت‌های شما است و در حال حاضر، هواپیماهای ما فاقد این توانایی هستند. پیشنهاد می‌کنم در مورد صحت حمله عراقی‌ها بیشتر بررسی کنید. ممکن است تیراندازی توپچی‌های شما ناشی از خطای دید باشد."

تیراندازی بی‌جهت به سوی ستارگان یا سایر اجسام نورانی در شب از امور متداول در پدافند هوایی به‌شمار می‌رفت. خدمه توپهای ضد هوایی در سکوت و تاریکی مطلق شب دچار وهم و خیال می‌شدند و با خیره شدن به یک ستاره یا شیء نورانی، آن را متحرک تصور کرده و به خیال هواپیمای دشمن، به‌سوی آن آتش می‌گشودند. با تیراندازی یک توپچی، سایر توپچی‌های آن ناحیه نیز بدون هدف مشخص، شروع به شلیک می‌کردند.

ناخدا ملک‌زاده که از مکالمه با من نتیجه‌ای نگرفته بود، گویا مسئله را به اطلاع فرمانده وقت نیروی دریایی، شادروان ناخدایکم افضلی، رسانده بود. ناخدا افضلی نیز بلافاصله از فرمانده نیروی هوایی کمک خواست. به دستور فرمانده نیروی هوایی، یک فروند هواپیمای سوخت‌رسان، یک فروند اف-۱۴ و یک فروند اف-۴، که همگی مجهز به موشک‌های هوا به هوا بودند، علاوه بر یک فروند اف-۱۴ که در منطقه حضور داشت، به پرواز درآمدند و تا روشنایی صبح بیهوده بر فراز ساحل شمالی خلیج فارس باقی ماندند. اگر هم ناوچه‌ای در آن حوالی بود، در تاریکی شب کاری از دست هیچ کدام ساخته نبود.

با وجود اینکه گروه رزمی منطقه دوم دریایی می‌بایست پایگاه هوایی بوشهر را از نتیجه حمله ناوچه دشمن مطلع می‌کرد، نه تنها این کار انجام نشد، بلکه پیگیری‌های ما نیز بی‌پاسخ ماند.

از معاون عملیاتی پایگاه خواستم ماجرا را از قرارگاه نوح سپاه پاسداران جویا شود. نماینده قرارگاه نوح که در زمان این رویداد در پست فرماندهی منطقه دوم دریایی حضور داشت، به قرارگاه خود اطلاع داده بود که اصولاً حمله‌ای در کار نبوده است. همان‌گونه که من حدس زده بودم، یکی از توپچی‌هایی که بر روی اسکله نوروز مستقر بود، حدود ساعت یک بامداد با دیدن شیء نورانی، که احتمالاً یک چراغ دریایی در دوردست‌ها بوده، به تصور آنکه این نور از ناوچه عراقی۱ است، شروع به شلیک کرده بود.

نفرات توپهای ضدهوائی سایر سکوها که گویا در آن‌وقت صبح در-

---

۱) در جنگ ناوچه‌ها برای اینکه در شب دیده نشوند، هیچگاه چراغی را روشن نمیکنند.

حال چرت زدن بودند به مجرد شنیدن صدا و دیدن آتش توپها بسوی منبع آن، یعنی یکدیگر آنقدر تیراندازی میکنند که بالاخره مهمات طرفین به پایان میرسد.

خوشبختانه بعد مسافت اسکله ها از یکدیگر مانع میشود که به همدیگر صدمه ای برسانند.

*****

جلیل پوررضائی

حمله سپاه به اسکله های البکر و الامیه

همان‌گونه که در صفحات گذشته توضیح داده شد، اسکله‌های البکر
و الامیه عراق در فاصله حدود ۲۵ مایلی جنوب شرقی شبه‌جزیره فاو قرار
داشتند و به‌طور کلی روزانه حدود یک میلیون بشکه نفت از این اسکله‌ها
صادر می‌شد. گرچه این پایانه‌های نفتی در اوایل جنگ توسط نیروی دریایی
از کار انداخته شدند، اما عراقی‌ها بعدها با استقرار یک رادار دریایی،
دستگاه‌های مخابراتی و تجهیزات استراق سمع از این اسکله‌ها برای ردیابی
واحدهای دریایی و بویژه کاروان‌های کشتی‌های تجاری ایران که به سمت
اسکله‌های ماهشهر و بندر شاهپور در حرکت بودند، استفاده می‌کردند.

در سال‌های ۱۳۶۳ و ۱۳۶۴ که حملات دشمن به این کشتی‌ها به اوج
خود رسیده بود، مقامات جمهوری اسلامی مکرراً از نیروی دریایی خواستند
که این دو اسکله را تسخیر کرده و نیروهای خود را در آنجا مستقر کنند.
اما هر بار فرماندهان نیروی دریایی در برابر این درخواست مقاومت
می‌کردند و استدلال می‌آوردند که هرچند تصرف اسکله‌های البکر و الامیه
کار دشواری نیست، اما حفظ آن‌ها به دلیل نزدیکی به خاک عراق، تلفات
زیادی به همراه خواهد داشت.

شایان ذکر است که مسئولان رژیم، که به‌نظر می‌رسید در متقاعد کردن
نیروی دریایی موفق نبوده‌اند، همین مأموریت را به سپاه پاسداران واگذار
کردند.

سپاه پاسداران در اواسط شهریور ۱۳۶۵ در عملیاتی به نام کربلای ۳،
پس از تحمل تلفات سنگین، اسکله‌ها را تصرف کرد؛ اما تحت فشار
نیروهای عراقی، دو روز بعد مجبور به عقب‌نشینی و ترک اسکله‌ها شد.

✳✳✳✳✳

مدیر عملیات

اندکی بیش ازدو سال از فرماندهی من درپایگاه هوائی بوشهر گذشته بود که به ستاد نیروی هوائی در تهران منتقل شدم، و از تاریخ ۱۳٦٥/٥/٤ به سمت مدیریت عملیات منصوب گشتم. همزمان سرهنگ خلبان مجتبی زنگنه که مدیریت عملیات را بعهده داشت به جانشینی معاونت عملیات و سرهنگ دوی خلبان شهرام رستمی۱ به جانشینی من برگزیده شد.

جنگ به بن بست عجیبی برخورده و همه تلاشهای جمهوری اسلامی ایران برای دستیابی به شهر بصره عراق بی نتیجه مانده بود.

هواپیماهای میگ۲۵ بی وقفه تهران و سایر شهرهای ایران را بمباران مینمودند. هر شب آژیر حمله هوائی در تهران بصدا در میآمد و تمامی شهر در تاریکی مطلق فرو میرفت.

همسر و فرزندانمان را میدیدم که از وحشت در گوشه ای چمباته زده اند.

از اینکه مملکت ما به آن اندازه خوار و زبون شده است که خلبانان عراقی هر زمان که اراده کنند میتوانند بر فراز اغلب شهرهای ایران ظاهر گشته و بمبهای خود را بر سر مردم فرود آورند، متاسف بودم.

از خلبانان اف۱٤ ما که در زمره بهترین خلبانان دنیا محسوب میشدند بعلت محدودیت در سیستم موشک فینیکس کاری ساخته نبود.

در دنیای امروز، نبرد، نبرد تکنولوژی هست. وقتی دو خلبان در مقابل یکدیگر قرار میگیرند، اکثرا آن خلبانی برنده است که هواپیمای او پیشرفته تر بوده و موشکهای او دیگری را از مسافت دورتری مورد اصابت قرار دهد.

---

۱) سرهنگ ۲ خلبان شهرام رستمی بعدها به ریاست ستاد کل نیروهای مسلح منصوب گشت.

تحریم تسلیحاتی ایران بتوسط آمریکا شامل قطع ارسال قطعات یدکی هواپیماهای ما که جملگی ساخت آمریکا بودند، نیز گشته بود.

نرسیدن این قطعات، که اغلب در انحصار آمریکا بود، محدودیت‌های عمده‌ای برای هواپیماهای اف-۱۴ ایجاد کرده بود؛ هواپیماهایی که اصولاً برای رهگیری هواپیماهایی نظیر میگ-۲۵ طراحی شده بودند. از همه بدتر، گفته می‌شد، کارکنان کمپانی گرومن آمریکا، پیش از خروج از ایران، با دستکاری در سیستم موشک فینیکس این هواپیماها، از توانائیهای آن کاسته اند.

بمباران شبانه روزی دشمن آن‌قدر ادامه پیدا کرد، تا که جمهوری اسلامی با دستیابی به موشک سام-۲، در اواخر بهمن ۱۳۶۵ موفق شد یک فروند میگ-۲۵ را بر فراز شهر اصفهان سرنگون کند و خلبان آن را که با چتر نجات فرود آمده بود، دستگیر نماید. پس از سقوط این هواپیما، عراقی‌ها بمباران با میگ-۲۵ را متوقف کرده و موشک‌باران شهرها را با موشک‌های اسکاد از سر گرفتند.

شایان ذکر است که موشک‌های زمین به هوای سام-۲، که یک سلاح پدافندی به‌شمار می‌رود، به‌جای آنکه در اختیار پدافند نیروی هوایی قرار گیرد، به سپاه پاسداران واگذار شده بود. پس از سرنگونی این هواپیما با موشک سام-۲، رسانه‌های جمهوری اسلامی با آب وتاب فراوان اعلام کردند که پدافند موشکی سپاه پاسداران یک فروند میگ-۲۵ دشمن را سرنگون کرده و خلبان آن به اسارت رزمندگان اسلام درآمده است.

گفته می‌شد که تعدادی از پرسنل پدافند نیروی هوایی برای آموزش نحوه شلیک این موشک‌ها به خارج از کشور اعزام گشته و سپس به سپاه پاسداران واگذار شده اند.

اصولاً در تمام طول جنگ ایران و عراق، رسانه‌های جمهوری اسلامی تلاش بسیاری در بزرگ جلوه دادن سپاه پاسداران داشتند. آن‌ها اغلب عملیات نیروی زمینی ارتش ایران را با تفصیل فراوان به سپاه پاسداران –

نسبت می‌دادند و در این راستا، کمتر نامی از نیروی زمینی ارتش که نقش اصلی را در آن عملیات ایفا کرده بود، به میان می‌آوردند.

٭٭٭٭٭

یک فروند هواپیمای اف۱۴ به عراق پناهنده میشود

هجرت خلبانان از کشور همچنان ادامه داشت. آن‌ها با بهانه‌های مختلف اجازه خروج از ایران را می‌گرفتند و پس از خروج، دیگر هرگز بازنمی‌گشتند. علیرغم تمام نظارت‌هایی که عوامل رژیم برای جلوگیری از مهاجرت خلبانان انجام می‌دادند، در اوایل شهریور ۱۳۶۵ خبری منتشر شد مبنی بر اینکه یک فروند هواپیمای اف-۱۴ به خلبانی سروان احمد مرادی طالبی با هواپیمای خود به عراق گریخته است.

عراقی‌ها با به پرواز درآوردن دو فروند هواپیمای میگ-۲۳ و یک هلی‌کوپتر و با انجام مکالمات رادیویی فریبنده، تظاهر کردند که یک فروند اف-۱۴ ایرانی را که قصد تجاوز به خاک عراق داشته، سرنگون کرده و هلی‌کوپتری نیز برای نجات خلبانان فرستاده‌اند. بررسی‌های بعدی نشان داد که این خلبان چند ماه قبل به دلایلی درخواست مرخصی خارج از کشور کرده و با این درخواست موافقت میشود. او که همراه با همسرش به آلمان سفر کرده بود، به تنهایی بازمیگردد. سپس به تدریج، لوازم با ارزش منزل و اتومبیل خود را به دور از چشم مأموران امنیتی به پول نقد تبدیل میکند و در یکی از روزها که طبق معمول برای یک پرواز گشت رزمی هوایی برنامه‌ریزی شده بود، پس از پرواز و رسیدن به منطقه گشت، طبق برنامه‌ای از پیش تعیین‌شده، موتورهای هواپیما را به حداکثر قدرت رسانده و به‌سرعت وارد خاک عراق میشود. در آنجا، دو فروند میگ-۲۳ که در انتظار او بودند، وی را به یکی از پایگاه‌های خود اسکورت میکنند.

فرار این خلبان با یک فروند اف-۱۴ به خاک دشمن، تشنج شدیدی را در نیروی هوایی ایجاد کرد. به منظور بررسی علت فرار این خلبان و جلوگیری از حوادث مشابه، تیمی تشکیل شد. این تیم که بیشتر اعضای آن را عوامل اطلاعاتی رژیم تشکیل می‌دادند، اولین جلسه خود را در دفتر جانشین معاونت عملیات، با حضور چند تن از مدیران آموزش و عملیات، از جمله سرهنگ خلبان مجتبی زنگنه و من برگزار کرد.

در این جلسه، مشاهده کردم که اکثر حضار حزب‌اللهی موضوع اصلی -

جلسه را رها کرده و به تکرار شعارهای همیشگی مانند "امدادهای غیبی"، "ملت شهید داده است" و "صدام کافر است" پرداخته اند.

وقتی نوبت به من رسید، گفتم: "آقایون، شما از این حرف‌ها نتیجه‌ای نمی‌گیرید. بروید بررسی کنید و ببینید که همین صدام به قول شما کافر، چه روشی در پیش گرفته که حتی یک نفر از خلبانانش در طول جنگ به خارج نگریخته است".

با پایان صحبت من، همه در سکوت نگاهی به یکدیگر انداختند. صدایی از هیچ‌کدام درنیامد. گویا همه پاسخ سوال مرا می‌دانستند، اما جرات بیان آن را نداشتند.

بالاخره تصمیم بر این شد که اقدامات عاجلی برای تامین امنیت شغلی، روحیه و رفاه خلبانان از طریق مقامات بالای مملکت صورت گیرد؛ اقدامی که در عمل هرگز به نتیجه‌ای نرسید.

حرکت‌های بیهوده عملیاتی را که اکنون خود در تهران و در سمت مدیریت عملیات قرار داشتم، به‌وضوح می‌دیدم و از آن رنج می‌بردم. سرهنگ موقت خلبان عباس بابایی که در سمت معاونت عملیات بود، عملاً از فرمانده نیروی هوایی تبعیت نمی‌کرد و دستورات خود را مستقیماً از حجت‌الاسلام اکبر هاشمی رفسنجانی، که نیابت فرماندهی کل قوا را بر عهده داشت، دریافت می‌کرد.

او در صحبت با من، به جای نام رفسنجانی از عنوان حاج‌آقا استفاده می‌کرد؛ مثلاً می‌گفت: "حاج‌آقا فرموده است که فلان هدف را در خاک عراق بمباران کنید."

لازم به توضیح است که در موارد زیادی، دستورات حمله توسط حاج‌آقا یا نماینده او و از طریق تلفن به خود عباس بابائی ابلاغ می‌شد که ابداً امن نبود. او نیز بدون آنکه مشورتی کرده باشد، با همان تلفن با فرمانده پایگاه مربوطه تماس می‌گرفت و برای جلوگیری از افشای حمله، سعی می‌کرد مأموریت را با ایماء و اشاره به طرف مقابل بفهماند. در بیشتر مواقع، –

مخاطب او که از این شیوه اطلاعی نداشت، با سوالات پی‌درپی باعث طولانی شدن مکالمه می‌شد و در نهایت، تمام جزئیات برای فردی که احتمالاً در پشت دستگاه استراق سمع دشمن قرار داشت، آشکار می‌گشت.

در هر جنگ، طرفین متخاصم با استفاده از گیرنده‌های مدرن استراق سمع سعی می‌کنند که مکالمات رادیویی و تلفنی طرف مقابل را دریافت کرده و از محتوای آن مطلع شوند. به همین دلیل، برای جلوگیری از افشای پیام‌های خیلی مهم، این پیام‌ها معمولاً از طریق افراد نامه‌رسان مورد اعتماد منتقل می‌شوند. پیام‌های رادیویی نیز با رمزهای از پیش تعیین‌شده ارسال می‌شوند، اما استفاده مکرر از این رمزها نیز می‌تواند به کشف محتوای آن‌ها منجر شود؛ از این رو، رمزها به‌طور مرتب تعویض می‌شوند.

به جرات می‌توان گفت که درصد قابل توجهی از تلفات نیروی هوایی در این زمان، به‌دلیل سهل‌انگاری در رعایت حفاظت مکالمات رادیویی یا تلفنی بوده است. دشمن با کشف زمان و مکان حمله، در آماده باش کامل قرار می‌گرفت و در بیشتر اوقات موفق می‌شد از هر دو هواپیمای ما، یک فروند را هدف قرار دهد.

❆❆❆❆❆

ستاد پدافند هوائی کل کشور

چندی بعد، علاوه بر فرماندهی پدافند هوایی موجود در نیروی هوائی، ستادی به نام "ستاد پدافند هوایی کل کشور" نیز تشکیل شد و حجت‌الاسلام روحانی، که در آن زمان ریاست کمیسیون دفاع مجلس را بر عهده داشت، به‌عنوان رئیس این ستاد منصوب گردید. مغز متفکر این ستاد، سرهنگ پدافند منصور ستاری۱ بود که سمت معاونت طرح و برنامه را به عهده داشت.

این ستاد، امور جاری عملیات پدافند هوایی را از دفتری در مجاورت ساختمان معاونت عملیات به خود معاونت عملیات ابلاغ می‌کرد. این کار به‌طور طبیعی میزان مکاتبات را دو برابر کرده و موجب می‌شد که بسیاری از امور پدافند با تأخیر فراوان و به‌طور ناقص انجام شود. دشمن نیز از این فرصت بهره می‌برد و ضربات سنگینی به منابع حساس و حیاتی کشور وارد می‌کرد.

رسانه‌های جمهوری اسلامی نیز تلاش بسیاری داشتند تا موفقیت‌های پدافند را به این ستاد نسبت دهند. به‌عنوان مثال، هر زمان که چند پرسنل پدافند نیروی هوایی، در زیر باران بمب‌های دشمن و بدون در اختیار داشتن موشک‌های هدایت‌شونده مدرن، بلکه تنها با توپ‌های ۲۳ میلی‌متری یک فروند هواپیمای دشمن را سرنگون می‌کردند، رادیو و تلویزیون جمهوری اسلامی با آب و تاب اعلام می‌کردند که در عملیات امروز، با تدابیر ستاد پدافند هوایی کل کشور، چندین هواپیمای دشمن سرنگون شده‌اند.

این دقیقاً همان روشی بود که در تمام طول جنگ برای بزرگنمایی نقش سپاه پاسداران نیز به کار گرفته می‌شد.

---

۱) سرهنگ پدافند شادروان منصور ستاری یکی از افسران برجسته پدافند هوائی بود که بعد از سرهنگ خلبان شادروان هوشنگ صدیق، بسمت فرمانده نیروی هوائی برگزیده شد.

فصل ۵

پایان جنگ

تا سال ۱۳۶۶، هفت سال بود که در سخت‌ترین شرایط، برای دفاع از وطن و ملت ایران با دشمن جنگیده و بارها تا آستانه مرگ پیش رفته بودم. دشمن، به‌جز چند نقطه مرزی که از زمان سلطنت پهلوی مورد اختلاف بود، از باقی خاک‌های اشغالی بیرون رانده شده بود.

در زمانی تصمیم به ترک نیروی هوائی گرفتم که احساس می‌کردم دینم را به میهن و هم‌وطنانم ادا کرده‌ام. همان‌طور که پیش‌بینی می‌شد، در سال‌های پایانی جنگ، سپاه پاسداران نیز تحت فشار نیروهای عراق مجبور به تخلیه شهر فاو و بازگشت به داخل مرزهای ایران شد و تلفات فراوانی را متحمل گردید. در این سال آخر، درگیری‌های پراکنده مرزی همچنان ادامه داشت، اما تمرکز هر دو طرف به موشک باران شهرهای یکدیگر معطوف شده بود. با توجه به ذخایر بی‌پایان موشک‌های اسکاد عراق، تلفات و خسارات بسیاری به مردم بی‌گناه ما وارد می‌شد.

سرانجام، همانگونه که در خبرها آمد، آیت‌الله خمینی، علیرغم میل باطنی، قطعنامه صلح سازمان ملل متحد را پذیرفت و به این ترتیب، جنگ هشت ساله ایران و عراق با برجای گذاشتن صد ها هزار کشته و مجروح و میلیاردها دلار خسارت به پایان رسید.

پایان

The Memoir of a Fighter Pilot

From Iran and Iraq War

Author: Col. Jalil Pourrezaee

Publisher: IngramSpark

ISBN: 979-8-21856-183-3

© Copyright IngramSpark Publishing 2025

The Memoir of a Fighter Pilot

From Iran-Iraq War

Author: Col Jalil Pourrezaee